SOCIALISME FRATERNEL

ET

ESPRIT NOUVEAU

PAR

Un Ouvrier Mégissier

Prix : 1 franc.

LYON

IMPRIMERIE POPULAIRE

30, Rue Condé, 30

1896

SOCIALISME FRATERNEL

ET

ESPRIT NOUVEAU

PAR

Un Ouvrier Mégissier

LYON

IMPRIMERIE POPULAIRE

30, Rue Condé, 30

—

1896

PRÉFACE

—⌁—

Chers lecteurs,

Je crois avoir droit à votre indulgence en vous apprenant que je suis ouvrier dans la mégisserie, que je professe à Annonay ma ville natale et non écrivain, vivant parmi la grande famille ouvrière dont je suis un des enfants ; je me suis inspiré de son milieu et fait mon possible pour exprimer ma pensée sur son esprit nouveau traitant la question sociale présente et à venir.

LE PREMIER LIVRE

Le premier livre qui parut au monde, où les peuples se soient inspirés, était un livre sacré appelé Genèse ou Ancien Testament, ingénieusement composé, le seul qui eût le droit d'être publié pendant plus de deux mille ans ; c'était l'œuvre d'hommes qui s'attribuaient de hautes dignités et de grands pouvoirs. Rois, patriarches et grands prélats, s'attribuaient aussi celui de communiquer familièrement avec Dieu et nous transmettaient leur volonté. Nul autre écrit n'existait alors ; c'était le porte-voix des prophètes dont les trois plus célèbres étaient : Moïse, Abraham et Élie. Ils prédisaient l'avenir. Aucun n'avait le droit de les contredire, sans risquer le châtiment suprême. Les peuples attendirent pendant deux mil cinq cents ans le fils de Dieu qui, d'après leurs prophéties, devait venir habiter parmi son peuple pour le sauver du courroux de son père et lui inspirer de meilleurs sentiments. Les religions d'alors étaient unanimes sur le point fondamental de leur philosophie religieuse (dogme). On supposait de nombreux dieux et déesses, intermédiaires de celui que l'on attendait, accompagnés d'un grand nombre d'idoles pour lesquelles on élevait de nombreux temples et imaginait des statues, les représentant selon le visage, la tournure et le type qu'on leur attribuait. Les peuples ne connaissaient rien autre que ce que leur apprenaient ces écrits fabuleux, ils accomplissaient des actes odieux avec la confiance d'être agréables à leurs dieux, et, chaque année, offraient des milliers d'êtres en holocauste, élite de la société ; un père offrait son enfant le plus cher pour être brûlé vif sur une place publique. Il venait de tous les points une immense foule de fanatiques assister à ces actes de barbarie, avec la ferme croyance que leurs dieux béniraient leurs offrandes et ces êtres dont la vie ne leur appartenait pas plus que leur conscience obéissaient sans réplique avec un aveugle dévouement. La guerre était sans cesse en permanence, entretenant la misère, détruisant demain ce que l'homme venait de construire aujourd'hui, et les peuples étaient misérables, ignorants, superstitieux et fanatiques. Des visions les poursuivaient sans cesse, les rendaient fous, sauvages, barbares et criminels. Cependant ils n'en étaient pas responsables, puisqu'ils n'étaient que l'instrument de leurs prophètes-rois, qui les rendaient incapables d'élever leur pensée et de s'instruire, les tenant courbés sous le joug de l'esclavage afin de les dominer. Le peuple n'avait pour s'inspirer que des fables, des oracles, des prophéties, rêves invraisemblables, œuvres surnaturelles. Pour donner une idée des peuples de l'antiquité, je vais citer un exemple :

Quarante ans après la sortie d'Egypte, 1402 ans avant Jésus-Christ, Josué, fils de Jacob, franchit, à la tête des tribus d'Israël, le Jourdain dont les eaux s'entr'ouvrirent pour leur livrer passage, et lorsqu'ils arrivèrent sous les murs de Jéricho ceux-ci s'écroulèrent devant eux, et les habitants de Haï, à l'est et près de Bethel, attirés dans une embuscade, succombèrent à leur tour. Josué élève sur le mont Hébal un autel au Seigneur et y écrit le texte du Deutéronome, rédigé par Moïse, son contemporain. Cependant une coalition générale se formait contre les Hébreux. Les Héthéens, les Jébuséens, les Amorrhéens, qui habitaient les montagnes, les Chananéens proprement dits, qui vivaient dans les plaines voisines de la mer et du Jourdain, se réunirent pour les combattre. Les Hévéens de Gabaon ayant traité, Adonisédec, roi de Jérusalem, appela à lui le peuple d'Hébron, de Jérimoth, de Lachis et d'Eglon, et les cinq tribus Amorrhéennes vinrent attaquer Gabaon qui implora le secours de Josué. Celui-ci se mit en marche de Galgala avec toute son armée et remporta une grande victoire. Les fuyards furent accablés d'une grêle de pierres que Dieu fit pleuvoir, mais il signala sa puissance par un prodige plus éclatant encore. Pendant deux heures il arrêta la marche apparente du soleil pour donner aux Hébreux le temps d'achever la poursuite de leur victoire. Plusieurs villes, entre autres Lachis, Eglon Hébron, tombèrent à leur tour ainsi que tout le Midi de la Palestine. Toutes les montagnes, depuis Cadès-Barnée jusqu'à Gaza, se trouvèrent conquises. Il y aurait trop d'exemples et nous n'en finirions pas. Ceux que je viens de citer peuvent nous convaincre de ce qu'étaient les peuples que les religions avaient façonnés et dirigés. Si de nos jours, une nation d'Europe faisait une guerre lointaine et, confiant à un homme le commandement de ses armées, reçoive quelque temps après une dépêche remplie de prodiges, conçue ainsi : « Le fleuve qui me faisait tant souci et dont je redoutais la traversée, a écarté ses eaux et suspendu son cours pendant le passage de nos armées, nous avons passé sur son lit à pied sec ; en arrivant en vue des villes fortifiées, réputées imprenables, leurs épaisses murailles se sont écroulées d'elles-mêmes à notre approche ; dans une grande bataille le soleil a arrêté sa course apparente pendant deux heures, pour nous permettre d'achever notre victoire et mettre l'ennemi en complète déroute », un pareil homme serait certainement considéré comme ne jouissant plus de ses facultés mentales et interné dans une maison de santé ; tandis qu'à l'époque de Moïse, Josué était regardé comme doué d'une grande valeur et d'un pouvoir suprême. Ses rêves insensés eurent, à son époque, un grand retentissement dans le monde, furent édités et rehaussés d'un style sublime, et de nos jours les religions le conservent dans leurs livres saints et le signalent comme la réalité. Les nombreux exemples que nous trouvons dans la Bible, qui inspira le peuple pendant tant de siècles, suffisent pour nous donner une idée de leur morale et de leurs facultés intellectuelles, formées par l'influence, puissante alors, du fanatisme.

ROME ANTIQUE

L'ancienne Rome était une ville sacrée et très fortifiée à l'époque que nous allons citer. Elle avait trois larges fossés, distancés de 300 mètres l'un de l'autre, lui servant de forteresse et pouvant être inondés rapidement par les eaux du Tibre, à l'aide d'écluses et rendus ainsi infranchissables ; dans ce cas, on passait sur des ponts-levis qui pouvaient être jetés et retirés mécaniquement ; ces ponts-levis avaient une longueur de 900 mètres. On se trouvait alors en face d'une haute et épaisse muraille flanquée de tours, où veillaient nuit et jour des sentinelles, et que fermaient de lourdes portes d'airain. Au delà, était la grande cité privilégiée. Celui qui y naissait libre était comblé de faveurs et n'avait pas à se soucier du lendemain. Il était citoyen et s'occupait de politique. Les mœurs étaient relâchées et la vie sans frein. L'intérieur de la ville était bâti de belles habitations, de somptueux palais, de superbes monuments et d'une infinité de temples élevés en l'honneur des nombreux dieux et déesses que les Romains vénéraient. Tous les serviteurs y étaient esclaves, mais les maîtres avaient droit de les rendre libres et, comme signe de leur affranchissement, les couvraient de la toge.

LES ROMAINS

Les Romains étaient fiers, égoïstes, aimaient l'honneur et la gloire ; très prétentieux, voulaient satisfaire leurs caprices, mener grande vie ; mais il leur fallait se procurer des moyens, car ils étaient pauvres. Le sol de leur patrie, l'Italie, était presque inculte et ne pouvait satisfaire leur ambition. Ils cherchèrent des moyens et eurent recours à ce qu'il y a de plus cruel et de plus barbare : à la guerre, à la force, la brutalité, enfin à la soumission par la terreur, montrant le glaive prêt à trancher l'existence de l'être qui raisonne son droit, qui veut le fruit du travail qu'il a produit en cultivant le sol dans son pays. Mais les Romains voulurent vivre et s'enrichir aux dépens de ces derniers. Ils armèrent de nombreuses légions, pour arriver à leur projet ; ils guettaient depuis longtemps les pays riches. Un peuple d'Asie était venu s'établir en Afrique ; on les appelait les Carthaginois, ils étaient tous commerçants, ils achetaient et revendaient. Ce moyen d'exploitation les avaient rendu puissamment riches. Les Romains avaient tenté, pendant plusieurs siècles, de débarquer en Afrique, mais leurs tentatives n'avaient pas abouti et ils perdirent beaucoup de vaisseaux, sans se décourager pour cela. Cependant, 247 ans avant J. Christ, Annibal les poursuivit et gagna 3 grandes batailles en Italie : Trébie, Trasimone et Cannes, ce dont ils furent effrayés Mais 45 ans plus tard, 202 ans avant J. Christ, la première expédition heureuse des Romains eut lieu, commandée par Scipion dit l'Africain, qui leur permit de mettre le pied sur le sol d'Afrique en remportant une victoire sur les Carthaginois. Cependant elle ne dut pas avoir un grand résultat, car les Romains n'occupèrent que peu de pays. Mais 27 ans après, 130 ans avant J.-Christ, une nouvelle expédition s'effectua sous les ordres de Scipion Amilien et réussit à anéantir ce peuple. Les Romains pillèrent l'or et l'argent ainsi que toutes les richesses qui s'y trouvaient et en chargèrent des vaisseaux destinés pour Rome : puis lorsqu'ils eurent satisfait leur cupide passion et se furent livré à des actes ignobles sur les femmes carthaginoises, ils fermèrent la ville en l'entourant de leurs légions, et mirent le feu aux quatre coins. Alors des cris lamentables se firent entendre qui bientôt dégénérèrent en plaintes et gémissements et les flammes dévorèrent tout ce qui s'y trouvait ; hommes, femmes et enfants, jeunes et vieux furent réduits en cendres. Cette campagne fut pour les Romains une source d'immenses trésors, qui leur permit de poursuivre leur grand rêve, la conquête du monde. Un système d'armement fut inventé par eux, supérieur à tous ceux connus jusqu'alors, ce qui rendit tous les autres peuples leurs inférieurs pour la guerre ; et quoique les guerriers fussent d'une grande valeur ils devaient succomber devant la supériorité de l'arme de leurs conquérants. Ces préparatifs avaient lieu à Rome et étaient l'objet d'un grand secret de leur part. De nombreuses et longues expériences se faisaient chaque jour en face de l'état-major et des chefs supérieurs qui attendaient l'accomplissement de leurs ingénieux armements et des réformes de leurs légions qui devaient les rendres invincibles.

Mais pendant cette attente, ils continuaient la guerre. Scipion Amilien le vainqueur de Carthage remporta une victoire sur les Espagnols par la prise de Numence, ville importante et très fortifiée. Déjà les Romains s'étaient acquis par leurs exploits la réputation de conquérants à ce point qu'ils devenaient inquiétants chaque jour pour leurs voisins, car leur domination s'étendait les rendant de plus en plus menaçants.

Lorsqu'une Révolution éclata dans tous les états romains, un général du nom de Jules César s'élevait et disputait le pouvoir au grand Pompée qui, lorsqu'on lui apprit qu'il avait un concurrent il ne s'en émut pas. Ayant une grande confiance en sa popularité ainsi qu'en son génie il ne se prépara pas pour se défendre contre son rival. Un jour, Jules César le rencontra et lui livra bataille dans une ancienne ville de Thesarvalie appelée Phrasale (l'an 88 avant J.-Christ) et le vainquit. Pompée parvint à se sauver des mains de son rival, fuit en Egypte et 48 ans plus tard fut assassiné par ordre du roi Ptolémée. Et quand César prit le pouvoir il trouva Rome riche et puissante mais toujours égoïste et menaçante.

Elle avait terminé son nouvel armement, commencé depuis plus d'un demi-siècle et se disposait à entreprendre la conquête du monde qui la devait rendre dictatrice et maîtresse sur la terre. Il allait donc lui être attribué cette grande gloire. Tout était prêt, les légions bien armées, équipées, attendaient le commandement pour se mettre en campagne. Une marine formidable qui comptait plus de 600 vaisseaux de guerre mouillés dans les ports, attendait pour prendre sa direction des ordres qui ne tardèrent pas à venir. Alors chaque escadre prit la direction qui lui fut indiquée, portant hommes, chevaux et matériaux de guerre, les uns furent dirigés sur la route d'Orient, les autres d'Occident. Jules César lui-même franchit les Pyrénées à la tête de ses meilleures légions, tandis qu'une deuxième armée franchissait les Alpes, commandée par Scipion Amilien, 40 ans avant notre ère pour faire la conquête des Gaules. Car les Gaulois les avaient souvent inquiétés.

CONQUÊTE DES GAULES

Au bruit de l'envahisseur, il n'y eut qu'un cri de guerre dans la Gaule, tous partaient au devant de l'ennemi et lui disputaient le sol pas à pas conduit par leur intrépide chef Vercingétorix. Mais malgré leur courage et leur bravoure, le sol se couvrait de leurs cadavres, car leurs armes étaient trop inférieures à celles des Romains, et le chef Gaulois, après plusieurs batailles, poursuivi par César, se réfugia avec son armée, alors bien amoindrie, à Alésia, ville très forte à cette époque, attendant des renforts qui tardèrent trop. Cette place n'était pas approvisionnée et la famine ne tarda pas à se faire sentir et devint excessive, ce qui réduisit les combattants.

Lorsque l'armée de secours arriva, les Romains n'avaient pas perdu de temps ; ils avaient entouré la ville de trois larges fossés qu'ils avaient eu soin de dissimuler en les couvrant d'une légère couche de terre supportée par un plancher très faible. L'armée de secours était en partie composée de cavaliers, elle poussa une vigoureuse charge sur les Romains, massés au-delà des fossés et qui paraissaient les attendre. Lancés à toute vitesse ils arrivèrent à un point où le sol sembla s'enfoncer et hommes et chevaux tombèrent pêle-mêle les uns sur les autres. Pendant ce temps, les Romains exécutaient un mouvement tournant, coupaient la retraite à l'armée gauloise et la faisaient prisonnière. Et le lendemain de la bataille, César plein d'orgueil, après avoir passé la revue de son armée, ordonna qu'on lui amena le chef des Gaulois. En le voyant il lui dit : C'est toi « Vercingétorix » qui a eu l'audace de me faire la guerre. Eh bien ! tu vas subir mon châtiment. Que l'on emmène ce prisonnier à Rome. Moi, je dois continuer ma tâche, et quand je reviendrai dans la grande cité, je me prononcerai sur son sort.

Sept ans plus tard il y rentrait, après une absence de neuf ans. Mais l'Italie d'alors n'était plus celle de jadis qui n'inspirait que la misère. C'était un vaste bosquet, bâti de magnifiques pavillons aux styles variés et élégants, représentant l'opulence.

Rome s'agrandissait, les villes regorgeaient d'habitants et on construisait de tous côtés. Pourtant, ce peuple n'était pas Romain, il appartenait à diverses races et de diverses couleurs, parlant différents langages.

Eh bien ! ce n'était que des captifs que les légions romaines avaient vaincus; après s'être emparés de leur sol, de tous leurs biens et qu'elles avaient envoyés à Rome prisonniers de guerre. Cependant, ils n'étaient pas tous traités semblablement, car les riches, les puissants, ceux qui avaient un nom de dignitaire dans leur pays : soit rois, chefs d'état ou de tribus, administrateurs ou bien généraux, etc., avaient des considérations de la part de leurs conquérants, si toutefois ils n'avaient pas poursuivi la guerre à outrance contre les Romains en défendant leur pays en braves; car ceux qui combattaient ainsi et qui étaient faits prisonniers dans une bataille, les Romains les dépouillaient de leurs biens, les renfermaient dans des prisons malsaines, les rationnaient au pain et à l'eau, les jetaient au fond de la câle des vaisseaux, liés et garottés, alignés de manière qu'il en rentre le plus possible et les emmenaient à Rome dans de vastes établissements ressemblant à des halles couvertes, à l'effet de recevoir ces misérables; couchés sur des dalles, toujours liés, ils attendaient l'heure où les marchands d'esclaves venaient faire leur choix et ceux qui étaient achetés ou choisis par un Romain pour le servir échappaient à une mort certaine. Pourtant, les Romains s'appelaient les plus civilisés de leur époque et leurs actes étaient barbares et cruels. Ils étaient devenus si positifs qu'ils n'admettaient aucun acte feint. Dans les théâtres et dans les représentations du Colisée, le sang coulait en abondance. Quelle que représentation qu'on fît il y avait toujours un ou plusieurs crimes. L'acte s'accomplissait avec des victimes et ces victimes étaient prises généralement dans les captifs qui n'avaient été recueillis par aucun marchand. Il s'en trouvait de tout âge et de tout sexe arrachés à leur sol. Les Romains s'en servaient pour représenter un drame ou un fait accompli antérieurement. Tout ce qui s'étaient passé se reproduisait, même des actes immoraux et indécents devant un grand public. Pour les hommes riches et libres la grande cité était la ville des débauches, des voluptés, des plaisirs, des délices et même des crimes sans aucun châtiment.

Mais pour le peuple, esclave et ignorant n'ayant jamais aucun plaisir et toujours courbé sous le joug de la servitude, c'était un martyre.

Cette époque était l'apogée de la splendeur de Rome. Le nom de Romain donnait le vertige et l'effroi, et imposait un respect fanatique. La cité sainte se dressait alors, rayonnante de gloire. Elle était la dictatrice du monde qu'elle avait vaincu. Rien n'avait pu résister à l'armée meurtrière de ses légions et son rêve ambitieux était accompli. De pauvre qu'elle avait été, elle était alors devenue grande, opulente, regorgeait d'or et de toute sorte de richesses. L'Italie avait changée d'aspect et pris un air féérique. Mais dans cette grande affluence d'habitants on ne trouvait que rarement le type romain. Depuis la grande expédition qui eulieu 10 ans avant, aucun n'était venu. Tous les hommes valides étaient partis, et les habitants de la grande cité brillante et populeuse n'étaient que des captifs ou des volontaires venant habiter ces contrées si renommées.

Un jour, la grande cité était en fête et paré de tout ce qu'elle avait de plus riche et de plus élégant, la foule accourait de toutes parts, les rues, les maisons, les places, les toits des maisons et même les arbres étaient emplis de curieux. Les avenues, les monts, les coteaux étaient également envahis d'une grappe humaine.

Ce jour était la célébration des conquêtes romaines. Jules César avait terminé sa conquête des Gaules et pendant qu'il combattait les Gaulois, ses généraux divisés sur divers points du globe, soit en Asie ou en Afrique et en Europe avaient tous remporté d'éclatantes victoires et cette fête représentait leur triomphe et leur gloire. Jules César lui-même présidait cette grande cérémonie.

Tout avait un air imposant, grandiose et solennel, on entendait de toutes parts les sons les plus harmonieux, chacun se pressait pour voir le défilé du cortège, cavalcade qui comptait plus d'un millier de chars, les plus riches représentaient les pays conquis et d'autres venaient ensuite. Le plus remarquable était le char des Gaules où Vercingétorix était couché sur le dos presque nu, les bras étendus et enchaînés ainsi que ses pieds, César monté sur un char très élevé, paré de son costume officiel rouge à franges d'or, précédait ce martyr, ce jeune homme qui, neuf ans plus tôt, plein de vie et de force, passait alors pour un des plus beaux hommes de son siècle et était maintenant maigre et décharné, presque mourant ; cependant il n'avait commis d'autre crime que celui d'avoir défendu son pays. Aujourd'hui on n'est pas renseigné sur son sort ni sur la fin qu'il a dû faire, les uns disent qu'il a été brûlé vif, d'autres qu'il a servi de pâture aux bêtes fauves et d'autres qu'il est mort de misère. Ce qui est certain, entre toutes choses, c'est qu'il ne parut plus et qu'on n'entendit plus parler de lui. Jules César, grisé et ébloui par la gloire, crut avoir la puissance d'un Dieu et voulut imposer au Sénat de l'adorer comme tel. Les sénateurs s'en indignèrent et rejetèrent sa proposition à l'unanimité.

César furieux dissout le Sénat, avec sa chute croule la République. Une terrible révolution éclata ensuite conduite et ayant pour principal chef Brutus (Marcus Junius) descendant de Brutus (Lucius Junius) qui avait été la cause de la chute des Tarquius (508 ans avant J.-Christ) et avait fondé la République romaine. Jules César avait ordonné les poursuites et son arrestation. Un jour qu'il parcourait la grande cité avec son escorte, des hommes armés lui barrèrent le passage et ils eurent une grande lutte. Les hommes de Jules César furent battus. Un jeune homme s'élança sur lui le poignard à la main. Alors, César se cacha la tête dans son manteau en lui disant : « Et toi aussi, Brutus, » mais frappé à la gorge il tombait foudroyé, et la Révolution continuait ses désastres. Un an plus tard, Brutus et son ami Casius se rencontrèrent avec les héritiers triumvirs de Jules César, Octave, Antoine et Lépide ils livrèrent un vigoureux combat où Brutus fut vaincu. Alors, désespéré de la République il se suicida (31 ans avant J.-Christ) et Octave fut reconnu plus tard sous le nom d'empereur Auguste. Il commença la série des empires romains, continua la guerre de conquêtes, qui avaient semé la misère et la désolation dans les pays vaincus pour contenter l'ambition de quelques despotes, car le peuple qui combat n'en hérite que de la douleur. Les Romains par leurs conquêtes étaient devenus les plus puissants du globe, mais leur peuple n'en était pas plus heureux. Mais tout a une fin et ils devaient succomber un jour. Une guerre encore plus terrible que celle des conquêtes, celle du fanatisme devait surgir pour se disputer les consciences.

RELIGION ROMAINE PAGANISME

Toutes les religions anciennes attendaient le Messie ; elles étaient toutes d'accord sur cette question qui était la base de leur dogme. Les différences qui existaient dans leurs divers cultes, et qui ont été pendant de longues séries de siècles le sujet de terribles guerres étaient cependant bien futiles et aujourd'hui en Europe si un des dictateurs qui la gouverne voulait entreprendre de pareilles guerres il est certain qu'il échouerait dans son projet. Ceci est la preuve que le peuple se civilise et devient humain en étant moins fanatique. Mais à l'époque où j'entreprends mon récit, après la deuxième expédition des Romains en Afrique et la ruine de Carthage, le monde n'était plus si ignorant qu'au temps de la haute antiquité, grâce aux Grecs, les innovateurs d'une civilisation assez avancée. Les Romains, qui étaient jaloux de tout, ne voulaient pas être dépassés, encouragèrent les lettres et les sciences et eurent des écrivains distingués qui écrivirent selon leurs opinions, souvent bien diverses, mais qui servaient au discernement de chaque intelligence et à l'accroissement du progrès. Cependant il faut bien remarquer que le droit de s'instruire et d'écrire n'appartenait qu'à la société privilégiée aristocratique : hommes nés libres, mais le peuple n'était qu'un troupeau d'esclaves fanatiques, ignorants misérables, appartenant à des maîtres qui avaient droit de vie et de mort sur eux. Ces malheureux n'étaient rien au monde, n'avaient pas même droit à une famille. Ils appartenaient au maître qui en faisait son exploitation et les vendaient au marché comme aujourd'hui nous vendons nos bêtes domestiques : et lorsque l'on recherche les auteurs de lois si injustes, qui avaient divisé les peuples rendus si misérables, on les trouve dans ces grands patriarches de l'antiquité, dont l'influence avait fait le monde en leur imposant leurs doctrines et en prophétisant l'avenir, se disant inspirés par la voix de Dieu. Et à l'époque où les Romains commencèrent leurs conquêtes et lancèrent leurs flottes sur les mers et leurs légions à travers le monde, le paganisme devint puissant. Un jour on vit tout combat se suspendre et tous les peuples à genoux, élevant leurs regards au ciel et priant. Ce jour était la fin des anciennes traditions, deux mille cinq cents ans venaient de s'écouler. C'était le grand jour prédit par les prophètes où le Messie devait venir parmi son peuple pour le sauver : jour que chaque livre sacré avait imagé ; mais rien d'anormal ne parut à l'horizon.

Le soleil suivit sa course apparente. La nuit vint et rien ne se changea dans la nature et le lendemain les Romains continuaient leurs attaques sans toutefois être désespérés de l'avènement qu'ils attendaient toujours. Et la crédulité humaine de cette époque fut exploitée par des intrigants qui se présentaient et se faisaient appeler dieux. Parmi ce nombre je ne citerai que Simon le Samaritain et Hélène, son épouse. Simon fut adoré comme le fils de Jupiter, dans le temple de ce nom et Hélène, son épouse, dans celui de Minerve, pour sa fille : ils servirent, dit-on, aux catholiques, aux Juifs et aux Romains. Le paganisme avait une infinité de dieux et de déesses. Chaque dieu ou déesse avait un temple spécialement élevé en son honneur. Ils avaient chacun un pouvoir spécial mais le plus puissant des dieux était Jupiter et la déesse Minerve. Ils avaient également une quantité d'idoles.

Il y avait Mars, dieu de la guerre que l'on allait implorer et prier lorsqu'ils se disposaient à aller combattre pour qu'il leur donne la force et le pouvoir de vaincre leurs ennemis. Il y avait également le temple d'Apollon et de Vénus. Le jeune homme qui avait des intentions de mariage avec une jeune fille et l'aimait sincèrement, allait prier au temple de Vénus pour qu'elle lui permette l'accomplissement de son vœu et la jeune fille allait au temple d'Apollon pour des questions semblables. Il me serait trop long d'énumérer tous les dieux et déesses du paganisme.

Les catholiques, à cette époque, étaient humbles et sans prestige par rapport aux autres religions, les modifications qu'ils avaient fait dans la philosophie religieuse, les rendaient méprisables et ridicules et les romains affirmaient que le dieu des catholiques était sans puissance, n'ayant ni dieu ni déesse intermédiaire pourtant ; moyennant un droit qu'ils leur payaient annuellement, ils leur permettaient le libre exercice de leur culte, les catholiques étaient ambitieux, ils rêvaient de devenir influents et puissants, avaient espoir en l'avenir, attendaient les événements avec impatience.

LES GRECS

Les Grecs eurent comme tous les autres peuples leurs époques ténébreuses, hantées de fanatisme. Ils ne connaissaient rien de la nature, ne se comprenaient pas même d'un pays à un autre. Ce n'est que par induction que l'on peut se faire une idée de la poésie grecque aux temps préhistoriques. Les Grecs rapportaient, à cet âge reculé, la composition des chants sacrés qu'ils attribuaient à l'inus, à Olen, à Orphée et à Musée.

Les anciens poètes appartenaient à la race pélagique qui, dans ces temps primitifs, habitait la Grèce. Il n'est rien resté de leurs hymnes, car leurs pièces de vers étaient apocryphes. Il est à présumer que les chants préhistoriques devaient avoir quelque analogie avec les hymnes sacrés des Indous contenus dans les wedas. Cependant ils devinrent plus tard les savants du monde et furent eux-mêmes les innovateurs d'une civilisation assez élevée à cette époque. On voit Homère, au neuvième siècle, avant notre ère, nommé père de la poésie, chanter l'Iliade et l'Odyssée; plus tard, enfin, naître la poésie lyrique et le drame. La Grèce était alors le pays le plus instruit et le plus savant, on y cultivait les lettres et les sciences et Athènes devint une ville célèbre et toute famille riche y envoyait ses enfants faire leurs études.

JÉSUS DE NAZARETH

Un juif doué d'un talent et d'une vertu incomparables vint faire ses études à Athènes. Il ne s'était jamais vu un esprit si grand et si bon, doué d'un caractère aimable, doux et humain mais d'une grande volonté, rejetant ce qui était né du fanatisme. Le monde savant connaissait ce jeune homme de nom, par le bruit qu'avaient fait ses rapides études philosophiques. Au bout de toutes les études connues alors, n'ayant plus de maîtres pour lui apprendre, il revint dans son pays, la Judée. Le monde savant et instruit d'alors, vint le recevoir et donna en son honneur un grand festin. Ce jeune homme qui n'avait pas encore quinze ans était appelé Jésus de Nazareth.

Ce fut au milieu de ce festin qu'il fit connaître sa véritable pensée, sa doctrine. Il parlait d'un langage éloquent, limpide, simple. On sentait en l'écoutant, la vérité et la franchise. Il parla de liberté et de fraternité. Il montra les rois et les hauts prélats comme les auteurs de la misère humaine. Il aimait le peuple et voulait son bonheur. Ce jour eut un grand retentissement dans toute la Judée, le roi Hérode en fut avisé et le despote en tressaillit de rage.

Tous ceux qui avaient entendu parler Jésus, l'avaient approuvé, s'étaient rendus à lui, embrassant sa doctrine. Dans l'esprit de Jésus se trouvaient les qualités réunies qui doivent faire un être modèle. Il réunissait à lui seul les qualités dont l'on se sert de nos jours en théorie pour prêcher la morale et tromper le peuple confiant. Cet homme simple, bon et affable, doué d'un talent et d'un génie incompréhensibles et sans exemple qui terrifiaient ses ennemis, était cependant sans ambition personnelle et sans haine. Il refusait tous les honneurs, toutes les gloires, haïssait le faste et tout ce qui a une apparence feinte et non réelle. Sa seule passion était le bonheur de tous, sans distinction de pays.

Jamais on avait vu un homme pareil ; cependant les doctrines des célèbres grecs Platon et Socrate avaient eu des points communs avec celles de Jésus, mais n'avaient pas été bien comprises, issues d'esprits moins doués et moins puissants que le sien, plus de trois siècles avant sa naissance. Il était le véritable ami du peuple qui accourait pour le voir et l'entendre, chacun quittait son habitation, allant grossir la foule de jour en jour plus nombreuse qui le suivait. Il prêchait la vraie morale et ses paroles étaient contrôlées par des actes. Il encourageait à s'unir, à s'aimer, à ne faire qu'une seule famille et fraterniser tous sans exception de pays ni de races et de ne s'inspirer que des lois naturelles, ne jamais s'écarter de ce raisonnement, éloigner de l'esprit tout ce que le surnaturel aurait pu y laisser; car il le regardait comme le poison de l'humanité, inventé par des ambitieux voulant vivre aux dépens du peuple et entretenir l'ignorance qui leur permettait de pratiquer leur actes si injustes, contenter leur égoïsme et toutes leurs passions sans réveiller sa sensibilité qui l'aurait infailliblement conduit à protester. Jésus avait pour disciples des hommes sages, honnêtes, ayant embrassé sa doctrine et la propageant. Ils appelaient Jésus, leur maître. Il y avait parmi eux, des hommes puissamment riches qui se dévouaient et distribuaient leurs biens pour soulager les malheureux sans ressources. Jésus après avoir enseigné sa doctrine, après chaque séance, faisait une distribution aux nécessiteux, ensuite il faisait approcher les malades, les infirmes, les sourds, les aveugles, enfin tous ceux que la science d'alors reconnaissaient incurables, car il s'était créé lui-même, par son talent extraordinaire, de hautes connaissances médicales inconnues alors : Hippocrate, le père de cette science n'ayant laissé que des théories. Jésus s'était confectionné des instruments chirurgicaux. Il enlevait la cataracte à ceux qui en étaient affligés et considérés comme aveugles. Il guérissait les sourds et fit même parler certains muets. Ses cures, à cette époque, furent considérées mystérieuses à un tel point qu'un jour un grand nombre d'hommes, de femmes et d'enfants vinrent en rampant, se prosterner, à genoux devant lui en s'écriant : C'est bien vous le Messie qu'on nous avait prédit ! Jésus leur commanda de se relever, disant qu'il ne permettait à personne de s'humilier ainsi, qu'il n'était pas un Dieu, mais un être comme eux.

« Mes chers amis, je ne vous en veux pas pour cela, mais je vous prie de ne plus me qualifier de ce nom qui n'appartient à aucun mortel. Cette expression ridicule me fait bondir d'indignation contre ceux qui vous l'ont apprise et vous la suggère. Ces croyances sont insensées, qui prédisent que Dieu doit venir habiter la terre et vivre parmi nous afin de racheter nos péchés et nous pénétrer des actes qui lui plaisent. Ces prophéties vous sont indiquées par vos patriarches, auteurs et propagateurs du fanatisme, qui se disent les envoyés de Dieu, ayant le droit de communiquer avec lui. Et ces hommes, les ennemis de l'humanité, se font appeler vos maîtres, vous induisent en erreur, vous maintiennent dans une complète ignorance et vous tenant ainsi en esclavage vous dominent, vivent et satisfont tous leurs caprices à vos dépens. L'être suprême ne communique avec personne, aucun ne peut nous renseigner sur sa volonté et se dire son préféré. Il n'a pas besoin de nous, petits atomes, parcelles de sa création, pour lui aider. Il est le seul maître de la terre et de l'univers peuplé d'une infinité de globes et de soleils habités par des êtres. Il a donné à chacun de ces globes une place dans ce vaste univers, il a créé à chacun leurs horizons et ordonné leurs mouvements ; chacun dans son milieu est retenu par un phénomène puissant d'attraction. C'est pour de pareilles raisons, que guide le bon sens, que l'on ne peut croire qu'aucun homme aie le droit de parler au nom de Dieu et nous imposer une doctrine en son nom, puisqu'il ne l'a jamais vu, jamais entendu et que personne ne communique avec lui. D'après ce que je viens d'indiquer l'être suprême ne peut être qu'un idéal auquel chacun doit croire selon sa pensée et sa libre conscience, sans être soumis à des lois que les hommes ont créé eux-mêmes et qui s'appellent surnaturelles. Plus l'homme étudie la nature, œuvre de son Dieu, plus il retrouve ce Dieu grand et puissant, ayant mis à sa portée des moyens tous créés pour vivre heureux et en paix.

Ils tendent à fraterniser et à se rapprocher les uns des autres, à s'aimer et à oublier les guerres. Nos ennemis nous prédisent, après notre mort, des supplices éternels, inventions pour nous terrifier et nous emplir de chimères pendant qu'ils se présentent, nos maîtres et nos dictateurs, dirigent nos consciences accomplissent des crimes abominables et font de terribles guerres au nom de leurs nombreux dieux et déesses intermédiaires de l'être suprême accompagnés d'un grand nombre d'idoles et le monde est empli de temples qui les représentent. Les peuples de la terre viennent rampant sur leurs genoux sous l'influence du fanatisme et de la superstition demander à ces statues de marbre ou de plâtre, matière inerte, sans vie et sans influence, de leur procurer les besoins qu'ils sollicitent, et désirent.

Mes chers amis, il y a plus de quarante ans que ce grand jour fut prédit par les prophéties, jour désiré et tant imagé par les écrits sacrés qui prédisaient que le Messie devait venir parmi nous. Les horizons célestes devaient nous annoncer l'arrivée par des éclats merveilleux, un nouveau soleil devait apparaître, les étoiles devaient briller d'un plus vif éclat, enfin, tout devait être éblouissant et féerique. Mais, cruelle déception, rien ne parut et aucun phénomène ne se produisit dans la nature pour annoncer le Messie. Les éléments continuèrent leur cours comme à l'ordinaire, mais le monde, hanté de fanatisme, ne se découragea pas, et il attend encore. Des intrigants exploitent nos croyances et se font appeler dieux et déesses. Je ne veux vous donner qu'un seul exemple qui a fait grand bruit dans le monde et s'est accompli dans la grande cité à Rome. Un homme et une femme, encore jeunes, le nommé Simon et son épouse Hélène, ayant mené une vie d'aventures, ayant toujours vécu en exploitant et trompant leurs semblables, tous deux *juifs*, nés à Samarie, jouissant d'une connaissance supérieure à celles connues sur l'eftel que produisent, soit par le mélange ou la combinaison, certains corps, et leurs actions chimiques et physiques, allèrent à Rome avec l'intention d'y faire des prodiges et se faire adorer comme dieu et déesse. Ils se firent d'abord remarquer par des projections lumineuses qui émerveillèrent et éblouirent les Romains qui en attribuèrent la cause à un esprit surnaturel. Une réunion de philosophes religieux doués, disait-on, du pouvoir de connaître les dieux et les déesses dans une grande réunion, décidèrent que Simon le Samaritain était bien le Messie et Hélène, son épouse déesse. Simon alla dans le Temple de Jupiter. Il y fut admis pour son fils et adoré comme un dieu ; Hélène, dans celui de Saturne, adorée pour la déesse Minerve, sa fille. Eh bien ! mes chers amis, moi qui ne suis pas un dieu et qui suis certain qu'il n'y a rien de surnaturel dans la nature, et que ce mot n'est qu'un rêve insensé, que les hommes ont créé pour composer leur dogme religieux, je vais vous reproduire, moi, les mêmes effets, les mêmes phénomènes qui ont été produits à Rome par ces intrigants et ensuite je vous promets des expériences bien plus extraordinaires, effets physiques, chimiques et magnétiques, ainsi que mécaniques, attractions merveilleuses, qui ne se sont jamais vus et cependant je ne me servirai, pour les reproduire, que des éléments de la nature et de sa matière, et, à chaque expérience, pour vous désabuser du surnaturel, afin de détruire l'idée du mystérieux, dont les spectateurs éblouis sont restés en extase, n'attribuant le pouvoir qu'à des êtres divins.

Un jour d'été, la chaleur avait été accablante, ce qui n'est pas rare dans ces régions ensoleillées des tropiques. Jésus, accompagné de ses disciples élite de la société : hommes savants, intelligents, célèbres, de hautes capacités, ne quittaient jamais Jésus et l'appelaient leur maître, entouré à plusieurs kilomètres à la ronde, d'une foule immense, compacte et tendant à se rapprocher du centre où se trouvait Jésus. On était dans un site charmant, échelonné de petits monts très accessibles, animés d'une végétation remarquable. Les fleurs d'une extrême abondance et d'une suave odeur, embaumaient l'air de leurs parfums, les fruits, d'un goût exquis, gisaient à profusion sur le sol, une infinité d'oiseaux aux couleurs multicolores habitaient ces bocages. Jésus occupait le mont le plus élevé qui dominait tous les autres à droite et à gauche et s'étendait au loin dans la plaine. Le soleil avait disparu, la nuit était venue. Une brise fraîche et légère ranimait tout ce peuple, leur communiquant plus de vigueur, les étoiles brillaient et la lune pleine réflétait sa lueur, lorsqu'on entendit la voix de Jésus disant : « Mes amis, c'est ici que je dois faire mes expériences que je vous ai promis, je réclame votre force d'esprit, ne vous laissez pas ravir par le vertige. Quelques minutes après, plusieurs éclairs successifs accompagnés de leurs décharges, coups de tonnerre, firent un grand bruit. Alors, tous les regards fixèrent le mont d'où partaient le bruit, les décharges. Tout à coup, une lueur ressemblant à un soleil, illuminait l'espace à plus de cinquante kilomètres à la ronde, puis, à un commandement de Jésus, sortit du foyer lumineux une foule de géants et géantes, en costumes éclatants. Ces personnages, au superbe visage, paraissaient souriants, mais leur taille gigantesque imposait le respect, influence de la force physique, qui donnait le frisson, ils marchaient en ordre, avec des mouvements réguliers et après marches et contre-marches, allèrent se perdre là d'où ils étaient venus. Ce spectacle grandiose ne dura pas moins de trois heures, les oiseaux endormis s'étaient réveillés et chantaient, trompés par ce jour artificiel, et ce peuple qui observait, n'osait se croire réveillé ou bien se croyait transporté dans ces lieux de délices que leurs prophètes leur avaient décrits dans les livres sacrés. Cependant, Jésus s'était indigné, lorsqu'on lui avait attribué la qualification de Messie, il avait protesté du contraire, avait promis ces expériences pour désabuser les actes divins. Lorsque le jour fût venu, Jésus, comme un père qui visite sa famille, suivi de ses disciples, passa à travers la foule qui s'agenouillait courbant la tête à son approche ; de sa voix douce, Jésus suppliait de ne pas se prosterner devant lui, qu'il n'aimait pas l'humilité, de redresser la tête, que tous les hommes étaient égaux par la nature, que l'on ne devait pas se rendre l'idole d'un être ; et lorsqu'il se fût assuré de la grande impression qu'il avait produit sur tous les esprits, il leur dit d'une voix souriante : « Je viens de visiter l'état de vos esprits et j'ai pu comprendre que vous êtes encore dans une extase contemplative de ce que vous avez vu dans la nuit qui vient de s'écouler. Ces phénomènes vous ont éblouis. Mes amis, il n'y a que moi encore qui puisse faire de pareilles choses. Mon devoir aurait été d'en donner connaissance à la science, mais, pour les motifs que je combats, ça m'est impossible, car le fanatisme s'en servirait comme surnaturel pour faire des miracles. La projection lumineuse qui vous a frappé l'imagination est un fluide, élément naturel, qui existe dans l'air et dans tous les corps en graduations et natures différentes. J'obtiens les charges par le contact de certains corps, bons conducteurs de la chaleur. Science naturelle, par laquelle plus tard, lorsque le monde sera débarrassé du fanatisme, l'homme trouvera de grandes et belles choses. C'est par le moyen de ces fluides que j'obtiens le pouvoir de faire lumière, éclairs et tonnerre. » Toujours en souriant, Jésus disait au peuple ébabi : « Ces colosses et gigantesques géants et géantes mesurant trois mètres à trois mètres cinquante de hauteur de taille, ont paru vivement vous impressionner ; vous les regardiez avec un respect mêlé d'effroi produit par l'influence qu'a la force physique, mais ces apparences étaient trompeuses, car elles n'avaient aucune volonté ni aucun pouvoir, n'étant pas animées ; elles étaient composées d'une matière inerte, que moi j'ai fabriqué, modelé et confectionné par un moyen mécanique que j'ai inventé et dont je garde le secret, dans la crainte, je le répète, qu'il serve aux religions à faire des miracles. Si j'ai fait de pareilles expériences devant vous, ce n'est pas pour m'en vanter, mais pour vous convaincre que rien n'est surnaturel dans le monde et moi qui ne suis pas le Messie, je fais des choses qui vous paraissent prodigieuses, cependant, elles sont très naturelles. »

« Ainsi, mes amis, éloignez-vous des hommes qui vous prêchent des choses invraisemblables, auxquelles la raison doit refuser d'ajouter foi, car elles sont de l'arbitraire et du mensonge. Un mortel ne peut pas être dieu. Les hommes qui vous inspirent ainsi vous magnétisent et leur langage théologique n'est qu'un tissu de mensonges. Entretenez-vous plutôt entre vous, et fraternisez ensemble. Aimez-vous les uns les autres ; faites une seule et même famille, ne faites pas de distinction entre vous de celui qui naît sous une latitude plutôt que sous une autre ; regardez-vous comme des frères et les enfants d'un seul et même Dieu. N'accordez plus votre influence à ceux qui prêchent la division et mettent entre vos mains des armes pour vous combattre ; rejetez de votre esprit leurs discours menteurs ainsi que leurs morales feintes. Ne prenez plus pour réalité leurs mensonges, les rêves insensés de leurs livres sacrés emplis de fables, d'oracles et de prophéties vous annonçant la venue du Messie, car c'est méconnaître la puissance de Dieu. Ils vous influencent par des sol-disants prodiges qui n'appartiennent, d'après eux, qu'à des dieux et qu'ils appellent surnaturels. Moi, homme comme vous, je vous ai bien tous éblouis et la science d'aujourd'hui est loin d'atteindre aux expériences que je vous ai enseignées. Pour devenir savant, il faut cesser d'être fanatique, car sans cela, les valeurs intellectuelles subissent une triste modification, dégénèrent, luttant contre la raison et l'humanité, et sont telles que ces hommes qui commettent des crimes inouïs, avec conviction d'être agréables à leurs dieux et d'en obtenir récompense. Et chaque année, des milliers d'êtres et l'élite de la société sont victimes de ces fêtes barbares. Le père et la mère viennent, accompagnés de leur enfant, le plus chéri, l'offrir en holocauste et ainsi hiérarchiquement, les membres de chaque famille assistent solennellement à leur supplice. Cela m'indigne, mes amis, et je proteste contre de pareilles cruautés et contre toutes les guerres, ces boucheries de l'humanité, car nul progrès sérieux ne s'accomplira avant leur fin et je proteste contre les guerres de partisans, de religions ou de conquêtes, car leur cause maudite n'est créée que pour notre malheur et notre destruction, excite la haine entre les divers peuples de la terre que l'on désignent de divers noms et qu'on les limite par des frontières. Ah! vous, peuple, êtes les jouets et les martyrs victimes du despotisme : tantôt c'est un ambitieux qui vous enchante par ses discours, vous fait de belles promesses, s'attire votre confiance et se crée une armée de partisans pour combattre son adversaire, tantôt, ce sont les hauts prélats d'un dogme ou d'une religion qui supposent que les dieux qu'ils vous enseignent sont les véritables, et font la guerre aux autres peuples pour les soumettre à leurs croyances. »

« Cette guerre est la guerre du fanatisme; vient ensuite la guerre des conquêtes, qui consiste à ruiner un peuple aux dépens d'un autre, le dépouiller et le soumettre à ses lois et à sa croyance par le régime de la force et de la terreur. Après que le sol est arrosé de sang et couvert de ruines et qu'un roi ou un empereur s'y est établi et se qualifie d'une non-puissance, le sol en est-il plus fécond ? et ces peuples opprimés dont on a massacré les frères, égorgé les familles et ruiné ceux qui ont survécu, ne se sont-ils pas mûrs pour la haine et la vengeance ? Ce peuple ne cherchera-t-il pas à reprendre sa revanche, son sol, ses lois et ses habitudes ? Ces cas rendent la guerre continuelle, accomplissant ses ravages à travers le monde ; elle n'a été créée qu'à cet effet, par les ambitieux du pouvoir. Mais il faut que leur règne finisse un jour. Les Romains, ces hommes ambitieux mais pauvres, dont le sol de l'Italie, leur patrie presque sans production, ne pouvait pas satisfaire l'égoïsme, peuplèrent ce sol d'esclaves qu'ils tenaient sous leur joug. Ils conçurent un grand rêve pour arriver à s'enrichir, mais avec les biens de leurs voisins, les leur arrachant par la force ; pour cela, ils eurent recours à la guerre de conquêtes et pendant un demi-siècle se renfermèrent dans leur cité avec leur état-major, firent des expériences de guerre, inventèrent des machines, réorganisèrent leurs légions et trouvèrent des moyens de destruction qui n'étaient pas connus des autres peuples, qui les rendaient grandement supérieurs à leurs adversaires. Alors ils envahirent les pays avec leurs formidables légions et leurs armes invincibles, massacrant, incendiant et semant la ruine, s'emparant des biens qui ne leur appartenaient pas, appelant cette loi la loi du plus fort, et imposant le sol d'un tribut. »

« Mes chers amis, disait Jésus, il y a près de quarante ans que notre pauvre Judée subit leur joug. Ce Jules César en tête de ses légions, après tant de ruines amoncelées dans notre patrie, vint faire le siège de Jérusalem, la capitale. Le monde frémira toujours au souvenir de cette boucherie humaine, des horreurs de toute sorte dont ils se rendirent coupables sur des êtres inoffensifs, des vieillards, des femmes et des enfants sans armes, même après leur conquête. Cependant ils se disaient les plus civilisés des peuples et ils entreprenaient la grande conquête du monde. Leurs légions se divisaient sur divers points et leur formidable marine parcourait toutes les mers soit, d'Orient et d'Occident : ils firent la conquête de la Gaule. Leur domination est déjà devenu formidable, mais leur règne ne sera pas éternel et s'effondrera comme ceux qui l'ont précédé, celui d'Alexandre, dit le Grand, roi de Macédoine, etc., etc.

En attendant l'époque où ce régime insensé, cruel, barbare et fanatique sera anéanti à jamais, il faut vous unir et fraterniser les uns les autres, ne faire qu'une société et qu'un seul peuple ne vous inspirant que d'une morale et d'une loi, celle de la nature, ne concevant qu'un gouvernement pour tous ce qui s'appellera la *République Universelle.* »

Tentatives de Corruption

Un jour Jésus se trouvait au milieu d'une foule immense et souvent renouvelée, car il ordonnait à ceux qui connaissaient sa doctrine, de reprendre leurs travaux quotidiens. D'un geste grave et significatif il les rendit attentifs : « Mes amis, j'ai de graves révélations à vous faire ; voici bientôt quatorze ans que je vous prêche ma doctrine toute de paix, d'amour et de fraternité. J'ai été pour vous un père de famille, un conseiller et un docteur. J'ai assisté les pauvres nécessiteux et je les assisterai encore, je m'en fais un devoir. Mes ressources sont puissantes aujourd'hui, elles résultent des riches familles qui sont venus à moi et s'inspirent de ma pensée. Ils distribuent leur fortune pour soulager leurs frères, car nous le sommes tous. Je vous ai donné des heures de distraction et récréation par mes expériences physiques et magnétiques. Je vous ai souvent éblouis et vous n'êtes pas les seuls que j'ai étonné. Car notre ennemi le despote de qui je combats et nous combattons tous la triste influence l'a été aussi.

J'ai excité sa curiosité à un point extrême qui l'a effrayé et lui a donné le vertige. J'ai reçu de sa part des offres considérables, mêmes illusoires. Des chefs de religion et des puissants souverains de tous les pays m'ont offert, si j'abandonnais ma doctrine et venais à eux, de me donner tous les biens et tous les trésors que j'ambitionnerais. Les Romains m'ont offert la couronne de Judée et m'ont réitéré un grand nombre de fois leurs offrandes corruptives Je leur ai répondu par un refus avec dégoût et indignation. Voyant que toute tentative était inutile, ils m'ont menacé de leurs lois barbares et m'ont averti de leurs poursuites et des châtiments que j'encourais, d'après leurs lois et leur justice. Je suis poursuivi comme déiste, insoumis et révolutionnaire et chacun de ces délits est frappé d'un châtiment de mort passant par des supplices. Je suis résigné à mourir cent fois plutôt que de trahir ma conscience en me rendant pour servir l'ambition de ces misérables. Je ne m'illusionne pas sur mon sort si un jour je tombe entre leurs mains car ils sont sans pitié pour ceux qui prêchent la vérité et dévoilent leur égoïste passion, cause de votre misère. Il s'est vu des exemples : voyez Socrate, ce savant de la Grèce qui n'était qu'au prélude de sa doctrine. On lui prépara un breuvage empoisonné par la ciguë qui termina son existence. »

La foule qui suivait Jésus, jusqu'alors si paisible, s'agita après ses révélations, devint houleuse, bruyante et menaçante, semblable à l'approche d'une grande révolution, connaissant le sort que les ennemis de Jésus lui réservaient, chacun était résolu à mourir plutôt que de se laisser ravir cet homme de bien, de moral doux et humain. On criait, on s'apprêtait à se battre, les uns s'armaient de bâtons et les autres de pierres ; on se regardait en face, s'écriant « s'il y a parmi nous un corrupteur, de ces hommes qui condamnent Jésus, qu'il réponde, le lâche. » Jésus cherchait à apaiser le peuple et comme toujours sur un point dominant ; autrefois au moindre signe tous les regards se tournaient vers lui, la foule était attentive, mais ce jour, il en n'était plus ainsi, la foule était fiévreuse et menaçante. Cependant sa doctrine défendait tout acte de violence. Enfin un moment d'acalmie permit à Jésus de se faire entendre, il les invita au calme, leur rappelant ses principes qui défendaient la violence. « Si je combats le fanatisme et la souveraineté disait-il, ce n'est pas par la guerre, par la destruction de l'un l'autre, par le sang qui coule à torrents sur les champs de bataille, par des armes qu'on invente pour se tuer habillement, non mes amis, ce n'est que par le raisonnement, par le bon sens, par tout ce qui est vrai et naturel que je veux détruire ce microbe de l'humanité qui est la cause de tous vos malheurs, de votre ignorance et de votre servilité, c'est en vous faisant connaître votre ennemi, en vous le dévoilant que j'ai confiance qu'un jour vous serez unanimes à le reconnaître. Alors vous n'aurez plus de misères et vous serez tous capables de connaître votre droit. Vous n'aurez plus de confiance dans ces prêcheurs de surnaturel, ni dans cet espèce de soi-disants héros, hommes de guerres et conquérants, vous vous serez unis et aurez trouvé le moyen tout crée dans la nature d'être heureux et jouir d'une paix éternelle. Et pour arriver à ce but, mes amis, ce n'est pas à l'existence des êtres qu'il faut en vouloir ce ne sont que les principes vicieux qu'il faut anéantir. Soyez sans rancune, et sans haine, aimez-vous les uns les autres, comprenez-vous, unissez-vous, car vous êtes la force et le mouvement de toute chose. Alors le despotisme et la dictature auront perdu leurs privilèges, ils seront à jamais anéantis et vous aurez accompli votre Révolution sociale qui est le point essentiel de notre avenir. »

« Mais le jour est loin encore, car le peuple est trop ignorant et trop servile. Je suppose que notre pays de Judée soit aujourd'hui le plus avancé de la terre, que je fasse une proclamation dans toutes les provinces de la nation, que de partout on se soulève, que l'on oblige même la garnison romaine à abandonner notre sol, que l'on détrône le roi Hérode et que l'on proclame la République, je suis loin de croire, mes amis, que ceci n'est pas possible, mais que de victimes compterait cette Révolution et quel en serait le résultat et les conséquences. »

« La Judée est entourée de rois et de fanatiques, et elle ne tarderait pas à être envahie, inondée d'un océan humain. De misérables esclaves de toutes les parties de la terre armés, viendraient pour nous anéantir et le pays serait rempli de sang et de cadavres. La République n'aurait pu accomplir aucun progrès, elle serait égorgée à son berceau et ses principes ne seraient que des théories n'ayant pu être mises en pratique. Il aurait fallu augmenter les impôts pour se défendre contre l'ennemi. Cependant, elle veut la paix, la concorde et la fraternité ainsi que les économies dont chacun doit profiter. Dans ce cas, mes amis, la République est impossible, car elle serait la cause de massacres inouïs et n'arriverait à aucun résultat et moi, votre chef, je mourrais dans les transes, angoisses du remords. Cependant, ce n'est que de la République que nous devons attendre le progrès, mais elle ne peut pas être, sans avoir un nombre considérable de républicains sincères et ces hommes ne se trouvent pas dans les fanatiques et les ignorants, pauvres misérables qui n'ont pas même la pleine conscience de leurs actes, étant soumis à ce régime par autorité de leur chef. Elle ne doit pas être un vain mot, un mot équivoque ; elle doit être démocratique, progressiste et sociale. Il ne faut pas confondre la République que nous désirons tous avec celle de Rome (Césarienne) dont nous connaissons l'égoïste ambition ainsi que le régime barbare et cruel de ses représentants. Voilà pourquoi, mes amis, je vous ai prêché la morale et combattu le despotisme. Dès le premier jour, j'ai été encouragé par vos applaudissements. Vous avez répondu à ma voix par une influence toujours croissante, à un tel point qu'il a fallu que je prie ceux qui m'avaient entendus et compris de reprendre leurs travaux quotidiens. Je me sens heureux, quand je suis au milieu de vous, car nous ne faisons qu'une famille, nous sommes égaux et nous nous appelons tous frères et amis. Moi, j'ai fait des études et j'en fais encore chaque jour pour votre bonheur et pour soulager les malheureux. J'ai autour de moi des hommes qui ne me quittent jamais, ce sont les plus érudits de notre époque; ils sont venus m'offrir leurs services et m'ont aidé dans mes grands travaux. »

« Je ne sais que faire et que dire pour leur prouver toute ma reconnaissance et ces hommes m'appellent « leur maître ». J'ai étudié la propriété des plantes aromatiques qui croissent en abondance sur nos monts et nos coteaux. Mes expériences ont été couronnées de succès et je guéris chaque jour de nombreux malades, des lépreux surtout. J'ai rendu l'ouïe à des sourds, la parole à des muets et la vue à des aveugles et je guéris des infirmes. Toutes ces cures, à notre époque, ont paru des merveilles, on a été jusqu'à les attribuer à des causes surnaturelles, croyances fanatiques que je combats par ma doctrine, car c'est le sujet et le motif de l'ignorance, de la souffrance et de la misère humaine, loi des sectes et des religions. Chaque jour, je soulage des milliers de misérables qui souffrent le besoin du nécessaire. Mes ressources sont immenses, elles me proviennent d'un grand nombre de familles riches, qui embrassent ma doctrine et mettent à ma disposition une partie de leur fortune pour soulager leurs frères. Puisque aujourd'hui est le jour de mes révélations, il est aussi de mon devoir de vous instruire sur les idées qui me rendent parfois triste et rêveur. J'ai un pressentiment pour l'avenir que j'appréhende ; il faut que vous en connaissiez la cause pour qu'un jour vous en puissiez combattre les effets, s'ils se produisaient. »

« Les hommes de qui je combats les actes, n'ont pas de conscience, rien n'est sacré pour eux ; ils ne respectent rien, lorsqu'il s'agit de satisfaire leurs ambitions. J'ai peur que lorsque je ne serai plus, car l'on n'est que passager dans la vie, mes ennemis et les vôtres dénaturent mes paroles et en changent le sens afin de faire tomber ma doctrine dans le domaine de leur triste surnaturel et arrêter tout progrès, car, hélas ! ils ne respectent pas même leur dieu du nom duquel ils se servent pour leur grande exploitation ; ils se privilégent eux-mêmes, se graduent, ra-

content leurs rêves insensés et font en son nom des massacres et des guerres terribles avec l'intention, disent-ils,
de lui plaire. Les inspirations divines doivent être libres,
et pourtant on oblige de se soumettre à un régime d'ignorance et de superstition. Ils ont inventé des prophéties, se
disant inspirés de Dieu, nous apprenant qu'il a un fils et
qu'il doit venir habiter au milieu de nous. Ils ont signalé
des dates qu'ils prétendaient être exactes, l'année, le jour
et même l'heure de ce grand avènement qui a été la base
de toutes les religions pendant deux mille cinq cents ans.
Depuis cinquante ans, l'époque est échue et rien n'a paru
d'anormal dans la nature et le peuple attend encore le
Messie, à part quelques rares exceptions ; il est trop superstitieux pour s'apercevoir qu'il est trompé. Vous, mes
amis, vous savez, j'en suis certain, que je suis déiste, que
je crois fermement à l'Etre suprême et que je m'inspire de
lui en étudiant son œuvre, la nature, pour qui j'ai un suprême respect, mais je ne crois pas à ce que nous révèle-
les hommes à son sujet, à leur œuvre mystique, pétrie de
mensonges et d'infamies. C'est ce qui cause mon inquiétude
sur le sort des générations futures. Mais mon espoir se ra-
nime en pensant à vous, car je connais vos sentiments et
votre dévouement à la cause que je défends et en attends le
bonheur de l'humanité ; mais j'ai une grande tâche que je
laisse à votre charge. Lorsque je ne serai plus parmi vous,
soyez pour moi des défenseurs, vous qui connaissez mes
principes. Si un jour le mauvais génie voulait confondre ma
voix dans ces mystères, répétez mes paroles textuelles,
défendez-moi contre l'infamie de ces hommes odieux et
apprenez ma doctrine à vos familles ; qu'elles se la com-
muniquent de générations en générations, que ses idées
créent un esprit nouveau inspiré du bon sens, que chaque
être devienne apte à comprendre son devoir. Que ceux
parmi vous qui ont le talent, soit par la parole ou par écrit,
reproduisent mes principes et en soient les fidèles inter-
prètes ; allez partout, chez tous les peuples sans préférence,
instruisez-les et enseignez-leur ma doctrine, semez-la, mes
amis, partout, afin qu'elle germe, prenne des racines dans
toutes les intelligences, chasse le ver rongeur, le fanatisme, détruise la loi du plus fort et la remplace par la
raison. Un jour, le peuple en récoltera la plus belle et la
plus riche des moissons que l'idéal puisse rêver : celle de
l'humanité et la fraternité. Mais, observez, je vous en sup-
plie, les principes que je vous ai indiqués, ne vous laissez

jamais entraîner par la violence, acte que je réprouve et si, un jour, je tombe entre les mains de mes ennemis, gardez-vous bien de chercher à m'en délivrer, car vous provoqueriez un massacre immense, vous détruiriez l'harmonie de paix et de concorde que je n'ai cessé de vous enseigner, vous feriez de moi un parjure et mes dernières heures seraient une triste agonie. »

Lorsque Jésus eut dévoilé les actes de corruption dont il avait été l'objet de la part de ses ennemis qui lui offrait pour récompense, s'il cessait de prêcher sa doctrine, toutes les richesses et les honneurs qu'il pouvait convoiter, et qu'il eût refusé formellement, ses ennemis le menacèrent d'un châtiment suprême, et son peuple ou, autrement dit, sa grande famille fût si peinée et affectée du sort qu'on réservait à cet homme si juste, si bon et si charitable qu'elle se laissa entraîner par la haine au point de désirer se venger de leur basse et honteuse ignominie. L'agitation fut si grande que Jésus eut peine à la calmer. Le peuple voulait mourir en combattant pour le défendre contre ses bourreaux. Cette journée oragense fut cause que Jésus s'éloigna des grands centres populeux afin d'éviter de fâcheuses rencontres dont il se sentait impuissant à arrêter les tristes effets. Depuis il donnait ses réunions sur les bords du Jourdain et même dans les oasis du désert ; mais, quoiqu'il recherchât la solitude afin de ne provoquer aucun désordre, ses réunions devenaient de plus en plus suivies et Jésus, qui se trouvait toujours sur un point dominant, entouré de ses ministres, hommes savants qui lui aidaient dans ses travaux, avait autour de lui un compact grouillement humain de plusieurs kilomètres de rayon. Pourtant chaque pays défendait, sous peine de châtiments sévères, à ses sujets d'aller écouter cet homme, l'appelant « le grand révolutionnaire » ; mais sa voix avait eu un si grand retentissement dans le monde que de tous pays on désirait le voir et l'entendre et on s'acheminait d'Orient et d'Occident pour assister à ses réunions. Ses ennemis mêmes y venaient sous un déguisement et souvent, après l'avoir entendu, sentaient fondre leur haine.

Arrestation de Jésus

Une grande fête avait lieu à Jérusalem. Après la cérémonie du Temple, à la sortie, la foule était si grande que, en quelques minutes, la place était encombrée d'hommes, femmes et enfants. Un groupe d'une quinzaine d'hommes, amis et camarades, que le hasard, pouvait-on supposer, avait permis de se rencontrer, causaient entre eux, lorsque tout à coup, l'un d'eux s'écria avec surprise, interrompant la conversation : « Voyez ! Voyez cet homme qui passe, c'est Jésus de Nazareth, le grand révolutionnaire, je le connais, j'ai assisté à ses réunions, excusez-moi, je cours lui serrer la main. » Il s'éloigna à ce mot, pressant le pas. Mais il eut du mal à percer la foule, et ayant enfin rejoint Jésus, il le salua poliment. — « Bonjour, monsieur ! pardonnez mon indiscrétion, mais je crois vous reconnaître. N'êtes-vous pas Jésus de Nazareth ? » — « Oui, répondit celui-ci. Je suis à votre service, mon ami, que désirez-vous ? » Ces mots prononcés avec tant de franchise semblèrent un instant troubler cet homme. Mais reprenant aussitôt ses sens, il répondit d'une voix feinte, câline et suppliante : — « J'ai des amis qui me sont chers, ils seraient si heureux de vous voir et de vous entendre, et moi si content de satisfaire leurs désirs ? ! Je vous serai doublement reconnaissant si vous acceptiez que je vous y conduise. » — « J'accepte volontiers ! » répondit Jésus. Alors l'inconnu lui tendit la main disant : « Oh ! que vous êtes bon ! » Jésus lui demanda son nom. « Je m'appelle Barabas », répondit-il, « j'ai assisté à vos réunions et j'approuve vos principes. » Jésus dit alors : « Je vous suis ; conduisez-moi. » Après un trajet de vingt minutes ils se trouvèrent dans le plus riche quartier de la ville, en face d'une élégante habitation (un palais). Barabas dit : « c'est ici, » puis il monta les premières marches du perron et d'un geste très poli invita Jésus à passer le premier. On parcourut un long et large couloir recouvert de riches tapis, puis à l'extrémité un bruit se fit entendre et une porte s'ouvrit. Un homme de haute taille, encore jeune, apparut. Son physique était sévère, intègre, et le regard inspirait la franchise et la volonté. Barabas s'approcha de lui et lui dit à voix basse : « L'homme qui me suis est Jésus de Nazareth, le grand révolutionnaire. » On se trouvait dans le palais et en face du proconsul romain Ponce-Pilate. Aussitôt ce haut magistrat appela ses gardes et leur ordonna de conduire cet hommes dans la salle des accusés, de fermer les portes du palais, de ne laisser rentrer personne, de quadrupler les sentinelles et d'empêcher tout rassemblement. Ayant donné ces ordres, Ponce-

Pilate alla trouver Jésus pour l'interroger, ses premiers mots furent ceux-ci : « Est-ce bien vous Jésus de Nazareth ? » et à la réponse affirmative de Jésus, il reprit : « Vous êtes un dangereux révolutionnaire, vous vous êtes rendu coupable de délits, que la loi punit de mort. Vous vous trouvez aujourd'hui entre les mains de vos juges. Moi, je vais vous interroger sur les motifs qui vous ont conduits à commettre ces graves fautes. Je vous engage à répondre à toutes mes questions. » Jésus inclina la tête en signe d'assentiment. Alors commença un long interrogatoire qui dura près de quatre heures et d'après lequel Ponce-Pilate, représentant de Rome, connut l'esprit qui animait Jésus ; se levant alors, il dit d'une voix grave et solennelle à Jésus : « Mon ami, sur ma conscience je vous trouve innocent des délits dont on vous accuse, je les renvoie à leurs auteurs, je ne retoucherai plus à ces dossiers iniques, je me lave les mains de ces insanités. » Et ce disant, il versa de l'eau dans un vase et se lava. — « Maintenant, reprit-il, mon ami, allez chez le Caïphe et renseignez-le de ma décision. Moi, j'ai hâte de fuir, car l'acte que je viens d'accomplir selon ma conscience à votre égard, me rend passible du châtiment suprême. » Cet homme de cœur plutôt que de satisfaire la cruelle ambition de ses maîtres, préféra aller, errant d'un pays à un autre, déguisé sous un faux nom et menant une vie misérable. On dit qu'il vint dans la Gaule et mourut à Vienne, chef-lieu d'arrondissement du département de l'Isère.

Le traître Barabas qui vendit Jésus était juif, frère cadet de celui du même nom détenu pour crime de sédition et tentative de meurtre, qui fut gracié le jour de Pâques. Cet homme cachait sous des apparences trompeuses la ruse et le vice. Il se couvrait du voile de l'hypocrisie; son langage était fourbe et menteur, il commettait toutes les platitudes et toutes les bassesses, pour s'attirer la sympathie et tromper plus facilement. Il avait un beau visage, était parleur, toujours souriant, mais pas instruit, paresseux, viveur, jaloux, orgueilleux et ambitieux, ne vivait que d'expédients et guettait toujours une proie. Il servait d'espion à la police des Romains. Le roi Hérode, d'accord avec tous les souverains, avait offert une prime à qui amènerait Jésus devant ses juges. Barabas le voyant passer seul et ambitionnant la prime, employa la ruse la plus lâche et la plus infâme.

Depuis bien des années les Romains gouvernaient la Judée et le roi ne faisait rien sans leur contrôle et leur approbation.

C'est ce motif qui engagea Barabas à conduire Jésus chez le proconsul romain plutôt que chez le Caïphe.

Jugement de Jésus

Le roi Hérode appréhendait l'acquittement de Jésus et il ordonnait à tous les ministres de la religion juive d'apprêter pour le jour du jugement, par les sermons et les discours, un nombre d'hommes, de femmes et d'enfants considérable qui, massés dès l'aube du jour autour du palais sur un rayon de 500 mètres et excités contre Jésus, ne cesserait de réclamer la peine suprême. Enfin, le grand jour arriva et les alentours du palais, la place les rues, les avenues étaient envahis par une foule de sectaires. Le tribunal était composé du Caïphe et d'un grand nombre d'assesseurs.

Après avoir lu les délits qui condamnaient Jésus à la peine de mort avec supplice, ils lui accordèrent la parole et lorsqu'ils l'eurent entendu, la majorité était pour l'acquittement, quand des cris du dehors se firent entendre : « A mort, à mort Jésus ! car il a blâmé les Romains ; si on l'acquittait .es derniers se vengeraient de notre faiblesse » et partout on n'entendait que le même cri « à mort Jésus ! »

Le Caïphe alors se leva, le fit remarquer à l'auditoire et dit : « Jésus entendez-vous les clameurs de la foule qui réclame votre châtiment ». Jésus répondit : « Hélas ! je les plains ce sont de pauvres misérables qui ne savent ce qu'ils font. »

Il s'écoula un instant de morne silence et le tribunal effrayé de ces cris assourdissants et incessants condamna Jésus à mort avec le supplice de la croix.

Supplice de Jésus

Le lieu du supplice fut le mont Calvaire qui parut préférable à tout autre lieu, étant situé près de la ville et d'une ascension facile. A cette époque la montagne était très fertile ; des arbres s'élevaient grands, majestueux aux branches larges et bien touffues ; le pays était toujours verdoyant, le printemps et l'été étaient éternels. Le supplice eut lieu au mois de décembre. Sur tout le parcours de la route du mont, les hommes de la garde royale armés de piques, de lances, enfin de toutes les armes de cette époque avec leurs costumes riches et brillants, formaient la haie, interceptaient tout passage aux curieux et attendaient le martyr escorté de ses bourreaux. Le condamné devait porter le bois de son supplice ; lorsque le cortège gravit le mont Calvaire, un homme dans la foule voyant Jésus traînant sa croix, s'élança et franchit la haie de soldats. On l'arrêta en lui demandant ce qu'il voulait, il répondit qu'il voulait aider Jésus à porter sa croix, lourd fardeau. Alors le cortège s'arrêta, ses bourreaux tinrent conseil et comme ils avaient grand peur d'émeuter la foule, ils lui permirent son acte d'humanité. Le cortège arriva au sommet de la montagne qui formait un plateau vaste et régulier. Ce point était superbe et le regard dominait très loin. Alors Jésus reprenant haleine jeta un regard sur la foule innombrable qui couvrait les plaines, les coteaux, les montagnes. Cette foule n'attendait qu'un signal pour se jeter sur les armées royales et délivrer leur maître. Jésus les reconnut exactement pour être des adeptes de sa doctrine, à un signal convenu et à un mot d'ordre, que nul qu'eux ne comprenait et qui voulait dire « mon maître, je suis à vous. »

Jésus fit un signe d'apaisement à cette foule haletante et demanda à ses bourreaux de lui permettre d'haranguer le peuple pour arrêter la Révolution et le massacre qui étaient prêts à éclater, ce qui lui fut permis. Alors Jésus s'écria, aussi fort que sa voix le lui permit : « Mes amis, soyez en paix, ne cherchez pas la guerre inutile ; oh ! oui ! je suis persuadé que vous me délivreriez, car ma puissance dans ce pays est bien supérieure à celle de nos ennemis, c'est-à-dire à celle du despotisme et du fanatisme auquel j'ai fait la guerre, mais non avec des armes. Mais, que pourrait il ce pauvre pays de Judée contre la puissance de tous ces misérables qui gouvernent la terre ? »

« Je combats les rois et tout ce qui est contraire à la raison et au bon sens. Je suis « républicain-socialiste. » Je ne veux qu'une seule République dans le monde, et c'est la seule cause de mon châtiment, non une République de César qui couvre le sol de ruines et de cadavres, mais une

République de fraternité et d'humanité. Si j'avais eu le pouvoir de faire entendre ma voix sur tous les pays de la terre, que tous les peuples en fussent inspirés, comme tous mes amis qui venez en foule pour m'arracher à mon supplice, aujourd'hui serait le dernier jour du despotisme et ma doctrine serait répandue dans tout l'univers. Si j'étais Dieu, je vous aurais inspiré ma pensée à tous et ma volonté se serait accomplie sans guerres. Mais m'arracher à mes bourreaux ne serait rien réaliser d'utile, vous seriez vainqueurs aujourd'hui et demain, martyrs, car les tyrans sont maîtres du peuple par l'ignorance ; et les Romains qui ont envahi notre Judée viendraient tout anéantir et vous feraient périr jusqu'au dernier. Moi, je vais mourir heureux, car je meurs pour l'humanité. Laissez-moi, je vous prie, mais après moi, mes frères, vous qui connaissez ma doctrine, allez la prêcher partout, que rien ne vous arrête, pas même la mort ; inspirez à tous cette voix qui est la voix de la nature et celle de Dieu. Adieu, mes amis, il faut que je vous quitte. Écoutez mes dernières paroles et répétez-les à vos amis, apprenez-les à vos enfants. Vive le socialisme ! Vive la fraternité et la République universelle ! » Il s'approcha de ses bourreaux et leur dit : « Je suis à votre disposition. » On entendit la foule murmurer et des pleurs coulèrent des paupières. Il se passa un moment de silence et ce fut l'heure du martyre. Jésus était mort et crucifié. Le mauvais génie de l'humanité avait triomphé. Les rois et les prêtres fanatiques avaient accompli leur acte de cruauté. Jésus avait dit à ceux qui embrassaient sa doctrine : « Allez, enseignez, prêchez les lois de fraternité que je vous ai indiquées et je mourrai heureux. » Mais, après lui, ses disciples n'avaient pas la même influence, ni le génie, ni la science, ni l'éloquence de leur maître et le despote n'avait plus de craintes.

Le roi Hérode reçut de Rome les félicitations des Césars sur l'exécution et il fut interdit sous peine de mort d'enseigner sa doctrine, même d'en parler. Quelques années plus tard, on s'en souvenait à peine et la génération nouvelle ne savait plus rien de vrai. Voilà comment le peuple oublia la vraie doctrine de Jésus-Christ.

LES CATHOLIQUES

Les catholiques fondèrent leur religion en s'inspirant du livre de Moïse, la Bible, qui leur servit de base, réformèrent beaucoup de lois qu'ils qualifièrent d'abus. Et quoiqu'elle ne fut comme toutes les autres, qu'une œuvre fanatique, elle était plus libérale, paraissait moins cruelle. C'est pour de semblables motifs qu'elle était méprisée des autres religions qui appelaient l'Eglise catholique, «temple de l'Hérésie. »

Au temps dont je parle, il s'était écoulé plus de cinquante ans depuis le terme des anciennes traditions : Jour que les prophètes avaient prédit pour l'avènement du Messie. Des intrigants avaient exploité l'ignorance d'alors et s'étaient fait adorer et qualifier de dieu. Le peuple avait une foi illimitée et sans bornes pour les livres religieux, attendait le Messie, base de toutes les religions d'alors qui étaient la source de l'ignorance. Car le microbe du fanatisme est un rongeur d'un grand appétit. Avec l'existence des lois surnaturelles, l'être devient facile à exploiter, croyant, ignorant et insensible, ne connaissant aucun droit que celui de la soumission, l'esclavage et le servage. Il se heurte contre son bonheur. Enfin, les catholiques qui étaient si humbles, cherchaient le moyen d'agrandir leur influence. Il était à prévoir, à cette époque, que la religion qui trouverait moyen de faire croire et qui présenterait un être reconnu comme Messie (dieu) acquerrerait une grande influence dominatrice sur terre, ce qui arriva pour les catholiques. Jésus venait d'être crucifié par les Juifs pour avoir enseigné la vraie morale contre les lois souveraines et fanatiques. Son influence avait fait trembler tous les despotes, même les plus puissants. Les catholiques trouvèrent le sujet propre à leurs ambitions, détournèrent le sens de ses paroles et composèrent un livre appelé l'Evangile. Ils prêchèrent partout que c'était le Messie qui avait été crucifié. La question était grave pour les Juifs et les Romains, car ces derniers avaient encouragé les poursuites et approuvé l'exécution. C'était un coup mortel porté au cœur de la foi païenne en disant qu'ils avaient tué le Messie, dont ils attendaient eux-mêmes l'avènement. Cette accusation de la part des catholiques était une déclaration de guerre entre les deux religions dont on ne pouvait connaître l'issue. On se trouvait sous le règne de l'empereur Auguste, neveu de Jules César, triumvir avec Antoine et Lépide. Ce règne fut tolérant pour les catholiques, car la loi leur interdisait l'exercice de leur culte en y ajoutant le mot Christ, mais elle ne fut pas mise en exécution pendant ce règne. Les voyant si faibles et si humbles, les Romains ne les redoutaient pas et ils supposaient en avoir raison au jour et à l'heure qu'il leur plairait. Ils préféraient même que le raisonnement de Jésus-Christ, républicain universionnaliste, tomba dans le domaine du fanatisme plutôt que de répandre ses paroles textuelles et sa réelle doctrine dans le monde. Car c'eût été pour la souveraineté dictatoriale et despotique un éternel anéantissement.

Les catholiques ne perdirent pas leur temps, firent de nombreux adeptes à leur culte. Soixante ans plus tard, alors que les Romains jugèrent à propos de mettre la loi en vigueur et d'interdire aux catholiques de christianiser leur culte sous le règne de l'empereur Néron, il était déjà trop tard. Les catholiques s'y refusèrent et acceptèrent le combat. Les massacres et les persécutions commencèrent violentes ; les deux religions se trouvaient aux prises. Il fallait qu'une des deux succombe et des millions d'êtres allaient périr pour des questions absurdes, surnaturelles et invraisemblables, pleines de préjugés. Les plus forts allaient soumettre les plus faibles à leurs croyances en leur faisant choisir l'obéissance passive ou la mort.

Cette guerre dura près de cinq siècles (476 ans).

DÉCADENCE DES ROMAINS

Les Romains, par leurs guerres ambitieuses, étaient devenus le premier peuple du monde. Ils dominaient tous les autres et les gouvernaient par la force. Ils avaient fondé l'empire d'Orient et d'Occident. Mais après les guerres de conquêtes, il y en eût une autre bien plus terrible, celle des croyances, qui se réveilla et fut leur décadence. Les Romains, au début, furent vainqueurs, mais au siècle suivant, les catholiques prirent l'offensive.

On se battait aveuglément en véritables brutes ; on se tuait, se massacrait entre frères et sœurs ; le fils tuait son père, la mère, sa fille. En 337, à l'époque de la plus haute splendeur des Romains, Constantin, empereur d'Orient à Constantinople, père de Constance, empereur d'Occident à Rome, se fit baptiser et embrassa le christianisme, puis voulut obliger son fils à l'imiter et devant son refus formel lui déclara la guerre. Il vint l'assiéger sous les murs de Mayence. De tous points le christianisme prenait des proportions immenses et les Romains qui avaient fait la conquête du sol n'avait plus pour eux les consciences. A cette époque le fanatisme gouvernait en maître, le spirituel et le temporel.

Le christianisme pour atteindre son but, étendre sa domination dans le monde, eut recours à l'ignorance, arrêta le progrès, défendit les livres de science, ne permit que ceux contrôlés par lui. Bientôt la littérature tombait elle-même en décadence, les savants ouvrages des Grecs et des Romains qui devaient guider et servir de base aux générations futures disparurent peu à peu, il imposa à toutes les consciences de croire et d'avoir la foi à ce qu'il leur révélait et que prêchaient ses ministres, et le peuple alors n'étant inspiré que de cette voix, devint fanatique ignorant, méchant, cruel ; soumis à cette instigation il tuait, égorgeait sans pitié, avec le courage aveugle de la brute, ceux qu'on lui avait désigné rebelles au christianisme. Les Romains à leur tour furent victimes, et leurs martyrs devinrent incalculables. Tout succombait devant ce dictateur des croyances qui imposait aux consciences de faire et de croire. Le christianisme à son tour devenait le dictateur du monde. Les provinces conquises par les Romains leur étaient rebelles, des Révolutions éclataient sur tous les points et formaient des royautés. En Occident, on vit se former le royaume des Francs et des Germains.

Clovis au sixième siècle embrassa le christianisme et fonda la première royauté en France, jadis pays des Gaules : ce qui fut pour les Romains un coup mortel et décisif. Ensuite vint la période des conciles en Europe, en Asie, pendant plusieurs siècles. Les conciles consistaient en une réunion de hauts prélats qui venaient s'entretenir des questions religieuses et en discuter les mystères. Tous les catholiques, c'est-à-dire tous ceux qui embrassaient le christianisme n'étaient pas d'accord sur les attributs spirituels de J.-Christ. Les uns lui attribuaient les qualités d'un homme semblable à tous ; d'autres celui d'un dieu en trois personnes, ce qu'on appela mystère de la Sainte-Trinité. Voilà pourquoi les premiers chrétiens, catholiques, apostoliques, romains lui attribuèrent trois personnes. Il y a des chrétiens qui n'ont pas la même croyance et qui diffèrent dans l'exercice de leur culte. Je donne pour exemples les Grecs, les Russes.

INFLUENCE DU CHRISTIANISME

Au septième siècle le christianisme gouvernait en maître et avait aboli tout ce qui pouvait être contraire à son influence. Il n'y avait plus de savants, car la science était interdite. On ne parlait que de choses étranges, insensées qui effrayaient et rendaient les gens ignorants : d'un supplice éternel, d'un enfer, d'un purgatoire pour ceux qui ne suivraient pas les lois enseignées par les prêtres comme étant celles de Dieu. Les générations s'étaient succédées et la science des Grecs répandue à Rome était entièrement oubliée, la langue latine perdait de son harmonie et n'était plus qu'un jargon. Tous les livres grecs et romains avaient disparu pendant ces siècles de guerre de religions et l'on ne pouvait plus s'inspirer d'eux. On ne savait plus rien d'Homère, de Pindare, de Périclès, d'Euripide, de Diodore, d'Hérodote, de Socrate, d'Hippocrate, ainsi que des Romains Virgile, Horace, Ovide, Tite-Live, Tacite, Cicéron et Lucrèce.

On se trouvait perdu dans un idéal bestial et fanatique. On ne s'occupait pas de ce qui avait précédé. On était méchant, toujours prêt à se battre et à s'égorger sur un amendement de Rome signé de son prêtre. Il n'y avait plus de génie, plus d'inventions. L'esprit était borné aux choses spirituelles.

Les catholiques étaient arrivés au comble de leurs souhaits.

Ils étaient puissants, leur influence dominait partout, ils avaient achevé de dogmatiser leur culte, couronnement, de leurs œuvres en transformant la confession à Dieu en une confession à l'homme. Dès les premiers siècles du christianisme on se recueillait et demandait pardon à Dieu, en le priant, des fautes qu'on avaient commises et qui l'offensaient. Les ministres de l'église se dirent alors chargés de recueillir tous les péchés et les remettre à Dieu. Il fallut alors tout avouer à un homme, ce que l'on pense et ce que l'on fait, enfin tout ce qui passionne l'être humain. La confession devint dès lors le sujet d'une grande exploitation, et fut même une haute police religieuse, spirituelle et temporelle. Cette confession fut obligatoire à tous, jeunes et vieux des deux sexes et le confesseur délivrait à tous ceux qui venaient accomplir cet acte de rigueur un billet de confession qui était à cette époque d'une extrème nécessité, car celui qui n'en était pas nanti n'appartenait plus à la société, n'avait plus le droit de vivre, étant considéré comme un mauvais génie, un être persécuté par le démou de qui il était la proie et même avec l'argent; personne ne voulait le loger ni l'occuper d'aucune façon. On ne lui vendait ni ne lui achetait n'importe quoi. Il était considéré comme un être nuisible à la société, sa présence portant malheur. On le chassait partout, et on brûlait même l'empreinte de ses pas et tout ce qu'il avait touché.

Il était voué à la malédiction, et ce misérable était obligé pour vivre et rentrer dans la société de se soumettre à l'influence du christianisme, de n'avoir plus de conviction et de trahir sa conscience et se confesser à l'homme. Dès qu'il avait accompli cet acte de soumission, il était dans le nombre des élus et vivait parmi tous. Cette invention des catholiques fut le coup mortel du paganisme. Cette dernière loi du culte catholique n'a dû être en vigueur qu'à la fin du cinquième siècle ou au commencement du sixième, car nous avons un exemple de l'évêque Hippone, Saint-Augustin : lui-même donnait l'exemple et enseignait la confession à Dieu. Chaque fois qu'il se confessait, il recherchait la solitude, s'éloignait des regards et des bruits de la vie, afin d'être plus recueilli, allait au milieu d'un bois ou d'un champ désert et là, faisait un examen de conscience ; ensuite il priait et demandait pardon à Dieu, de tous ses mauvais actes qui lui déplaisaient. Il vécut de 354 à 430.

L'Europe était alors la partie du monde la plus en retard, mais peu à peu, les peuples eurent conscience de leur situation, se révoltèrent, et d'une réforme à une autre se sont élevés aujourd'hui au premier rang de la civilisation, ont dépassé les peuples d'Asie et d'Afrique, auxquels ils portent la lumière.

La cause de notre progrès est due à ce que nous avons arraché, démembré les religions du pouvoir temporel qui est l'état civil. Le contraire existe dans les autres parties du monde que je viens d'indiquer. Les religions y gouvernent en maîtresses absolues et les peuples y restent stationnaires sans faire aucun progrès, hantés par le fanatisme qui les maintient dans l'incapacité.

En Europe chacun est libre de pratiquer son culte selon sa conscience. On n'est pas contraint par la force comme au temps jadis. On a sa pleine liberté aujourd'hui d'assister ou non aux offices, d'être libre-penseur (déiste) ; et depuis plusieurs siècles les religions perdent leur autorité, leur influence diminue, car dans tous les pays de progrès où la science développe l'esprit, les lois mystiques perdent et tendent à disparaître. Dans les offices religieux il n'y a plus aujourd'hui, soit dans les temples ou les églises, qu'un personnel répondant à l'habitude où à des intérêts particuliers, mais sans foi, ne faisant que le simulacre d'être pieux. Les ministres de ces religions sont obligés de devenir tolérants, de paraître humbles et charitables et de maintenir ce simulacre de piété, ne pouvant faire autrement. Cette tolérance prouve leur faiblesse et leur décadence. Le pape, chef de l'église, ne cesse de recommander aux cardinaux et aux évêques, de suivre le courant des idées, de tolérer et toujours tolérer. En France, pays où s'innovent ces idées nouvelles, de simuler être républicain et s'avouer socialiste. La confession à l'homme se pratique toujours, mais elle n'est plus obligatoire et on ne délivre plus des billets à celui qui se confesse ; les disciples de Dieu sont devenus accommodant en toutes choses et accueillent les apparences et les feintes de piété avec beaucoup de bonne humeur et de convenance afin de conserver au moins les apparences pour régner encore.

Le monde civilisé, instruit, savant, ne peut pas croire à ces questions invraisemblables que prêchent ces soi-disants inspirés de Dieu, se disant instruits de ce qui se passe après la mort, nous en donnant de longues explications. Pour affirmer qu'une chose existe (à part Dieu) il faut l'avoir vu soi-même ou en avoir des témoins oculaires. Mais enfin il n'y a jamais eu d'époque où les morts soient ressuscités, alors ils n'ont pu renseigner les vivants de ce qui se passe après l'existence. Et si l'on demande des explications à ce sujet, ils vous répondent qu'il faut croire les saintes écritures et avoir la foi, mais ces anciennes écritures ne sont que des rêves insensés qui ont tenu le peuple ignorant, servile et misérable pendant de longs siècles et dès lors on ne peut avoir foi à ce qui est contre la raison.

RENAISSANCE

Règne de François Ier, Père des Lettres (1515-1547)

Le seizième siècle était bien le réveil des facultés endormies depuis près de quinze cents ans. Aucune découverte ne s'était opérée, aucune invention n'avait eu lieu. Et non-seulement les peuples n'avaient rien appris ni rien fait d'utile, mais ils avaient oublié ce que leurs prédécesseurs connaissaient. Ils étaient tombés dans un triste état d'abjection ; on ne savait pas lire, on ne connaissait plus l'histoire, en avait peine à s'exprimer et se faire comprendre d'un village à un autre. On ne parlait qu'un patois résultant du latin dénaturé. Tout cela était le résultat d'un régime fanatique qui gouvernait en maître et avait tout soumis à sa loi. Le christianisme après s'être assuré le pouvoir avait interdit tout ce qui n'était pas surnaturel. Il avait compris que pour régner, il fallait abolir tout ce qui était du domaine de la science et il trouva le moyen de soustraire tous les ouvrages grecs et romains qui auraient pu initier les générations. Mais dans ce siècle, tout prenait une nouvelle vitalité ; des hommes très intelligents travaillèrent pour l'humanité, cherchèrent un moyen de raffiner la langue. Il y avait alors quatre dialectes en France qui formaient deux sortes de langages c'est-à-dire la langue d'oïl du Nord que parlaient les trouvères, et la langue d'oc du Midi que parlaient les troubadours. L'école de Clément Marot, c'est-à-dire l'école

royale, apprenait et écrivait la ballade, le triolet, le rondeau, la mascarade, la pastorale, l'élégie, la satyre et
même la fable. Son style était très clair. Mais par ce moyen,
on ne pouvait réaliser de grands progrès. — Vers. — Une
pléïade d'hommes savants Joachin du Bellay, Baïf, Jamyn,
Belleau, Jodelle, et Ponthus découvrirent à force de recherches des ouvrages grecs et romains dont ils se servirent pour innover l'école de Pierre de Ronsard qui devait
constituer la vraie langue française et donner un nouvel
essort au progrès, qui fit un pas rapide. On retrouva les
ouvrages d'Homère appelé père de la poésie et innovateur
de l'Illiade et l'Odyssée (900 ans av. J. Christ) de Pindare
(520 av. J. Christ) (période lyrique). Périclès (600 ans av.
J. Christ) (Période dramatique. Période bucolique ou pastorale, Théocrite (290 ans av. J. Christ). — Prose. — Hérodote, premier historien (484 ans av. J. Christ), surnommé
père de l'histoire. Démosthène, le prince des orateurs
grecs etc., ainsi que les Romains, Lucrèce (95 ans av. J. C.)
Cicéron, (107 ans av. J. C.), Virgile (19 ans av. J. C.),
Horace (64 ans av. J. C.), Tite Live (59 ans av. J. C.), Pline
l'ancien ou le naturaliste (23 ans av. J. C.), Tacite (55 ans
av. J. C.), etc.

Une grande révolution sociale se préparait et le progrès
que les Grecs et les Romains avaient mis plusieurs siècles
à réaliser, notre époque l'accomplissait avec facilité et
allait d'une vitesse surprenante. Mais il y avait une grande
différence avec celui qu'avaient innové les Grecs. Il y avait
une liberté des consciences que les anciens n'avait pas,
étant dominés par la croyance religieuse qui ne leur
permettait pas de devenir savants.

Les soi-disants savants d'alors n'ayant été inspirés que
par les livres religieux et sacrés ne s'appliquèrent qu'aux
phrases bien tournées, aux styles délicats, mais d'un sujet
insignifiant, inspirées d'un idéal qui parfois donnait le
vertige et n'apprenait rien, n'était qu'hypothèses et théories, au lieu que cette science qui naissait cherchait sa
base dans l'expérience, se détachait de la religion et constituait un état temporel à part : l'État-civil. Et ce mouvement n'eut pas lieu seulement en France mais dans toute
l'Europe et dans certaines contrées d'Asie. Un grand malheur surgit alors, le fanatisme venait encore entraver le
progrès. Depuis plusieurs siècles des évêques prêchaient
contre les désordres, les abus de l'église catholique, au point
que le pape Léon X réunit un concile à Vienne (Autriche)

et y envoya un grand évêque de Rome pour le représenter. Mais ce haut prélat avoua en plein concile que l'Eglise avait à subir des réformes dans son chef et dans ses membres. A cette époque, l'achèvement de St-Pierre de Rome avait occasionné de grands frais et les guerres de Jules II avait épuisé le trésor pontifical. L'Archevêque de Mayence chargé de publier, disait-on, les indulgences en Allemagne les fit prêcher en Saxe par le dominicain Tetzel. Les moines augustins qui, jusqu'alors, avaient été chargés de cette lucrative mission s'irritèrent tant de la voir passer aux mains des dominicains que la vengence les excita à dévoiler les abus cachés, rudement attaqués par Martin Luther. Le jour de la Toussaint en 1517, Luther afficha à la porte de la grande église de Vittemberg, 95 propositions concernant les indulgences. Tetzel répondit par 110 contre-propositions. Aux premières nouvelles le pape Léon X n'osa y croire. Cependant le bruit croissant l'obligea à s'en assurer. Il envoya à Augsbourg en 1518 un légat, le cardinal Cajétano afin de ramener ce moine dans le devoir ; après avoir employé des paroles de douceur, Cajétano employa la violence en lui faisant pressentir le danger qu'il courait en protestant contre la doctrine du chef de l'église. Luther rejeta tout, se montra inflexible dans sa conviction et continua de prêcher en Allemagne la réforme catholique. Il fit de nombreux adeptes. Il invoquait dans ses sermons l'église primitive, accusant ses chefs d'avoir fait un abus en la dogmatisant. Quelques années plus tard, un nouveau réformateur Calvin, né à Noyon (Suisse) en 1509, prêcha encore une secte à part. Ces réformes allumèrent une guerre terrible en Europe ; guerres des consciences religieuses qui entravaient la marche du progrès et le retarda de plusieurs siècles. Car les religions ont été les innovatrices du fabuleux, de l'invraisemblable qui détruit le bon sens et nous divise. Et ces protestataires qui invoquaient le dogme de l'église primitive et regardaient comme abus tout ce qu'on avait introduit en la dogmatisant, n'étaient excités que par l'ambition. Il y avait lieu de protester mais non de créer une nouvelle religion. Les catholiques de l'église primitive se servirent du nom d'un homme populaire et de son influence pour assouvir leurs tristes ambitions, celles de gouverner les consciences. Cet homme humain qui prêcha la vraie morale, la liberté des consciences, la simplicité, l'abolition des privilèges, l'entière fraternité des peuples était J. Christ qui défendait de l'ap peler Dieu et exhortait le peuple à n'avoir qu'une croyance : s'unir, ne faire qu'une famille, ne reconnaître aucune frontière, n'avoir plus de souverains, plus de guerres, plus de divisions et une seule République au monde appelée « République Sociale ».

RÉFLEXIONS

Tous les êtres inspirés par la nature sont doux et humains, et ne reconnaissent qu'une société au monde ; un intérêt commun les anime ; ils ne s'exploitent pas, ne se font pas la guerre, se reconnaissent le même droit à l'existence et la vie pour eux est sacrée, nul n'a le droit d'y attenter, pas plus à la leur qu'à celle de leur prochain. Exemple : Voyez les enfants, dès l'âge le plus tendre, se rechercher, s'aimer, et fraterniser toujours entre eux. Ils ont bien quelques contrariétés dans leur jeu, mais n'ont pas de haine et ne cessent d'être amis. Ces jeunes êtres vont se développer, grandir, inspirés par la grande voix de la nature, vont devenir des savants honnêtes, vivront libres, chacun respectera sa conscience, qui dans le fond sera la même, car tous hommes de la nature naissent déistes. L'image de Dieu leur apparaîtra avec plus ou moins d'harmonie, selon le degré de l'intelligence et de l'instruction de chaque sujet. Ils vivront heureux et sans souci du lendemain, n'ayant pas de privilèges et ne s'exploitant pas entre eux, n'encourageant que le réel mérite.

Mais, oh ! fatalité des fatalités ! une espèce d'êtres égoïstes a voulu vivre aux dépens des autres et a inventé ce qu'on appelle le surnaturel, en a composé divers cultes et soumis le peuple de la terre à des croyances insensées, source des malheurs de l'humanité ; et à cet enfant, qui commence à connaître son père et sa mère, on lui suggère le germe du fanatisme, détruisant les lois de la nature, on l'oblige à y croire et il s'habitue à ce raisonnement insensé qui, par la suite, finit par lui paraître naturel. Il devient la proie des hommes qui doivent l'exploiter, semer la haine et la vengeance en lui. Et ces misérables ont inventé la guerre. Les plus anciens écrits nous montrent le peuple misérable, toujours en guerre pour dès questions religieuses, se massacrant, conduit par des rêves insensés ; ceux qui l'excitent, parvenir à de hautes dignités, s'attribuer de grandes faveurs, s'entourer de tous les privilèges, contents et satisfaits, dédaigneux de ce peuple épuisé qui souffre et gémit ; eux, oisifs insignifiants, sans production, s'alimentent des meilleurs mets, boivent les meilleurs vins, se couvrent des plus riches vêtements, contentent toutes leurs passions, cruelles et immorales, sans rougir, usant des moyens tout créés, des caisses pleines d'or que la misérable société alimente par la production de son travail. Voilà le régime universel qui existe depuis une époque très ancienne et inconnue, régime dont les religions ont jeté les fondements et organisé la marche. Plus tard, le monde s'est uni avec les rois et la noblesse et, quoique en Europe ce régime ait subi de grandes modifications et approche de sa décadence, la société est toujours gouvernée par cette triste influence, dont elle a souffert et souffre encore. Tout a été inventé pour que les uns exploitent les autres, on a tenu à l'ignorance et isolé la science afin que le peuple ne puisse comprendre ses droits, soit soumis et inconscient de la plus grande partie de ses actes.

Si l'on recherche les auteurs de ce triste régime, on les trouve dans les instigateurs et créateurs de religions dans les hauts dignitaires des temps anciens et des temps préhistoriques où ils ont façonné le peuple à leur guise afin de le soumettre et d'en disposer à leur gré. Toutes les religions ont le même but : l'égoïsme ; et les réformateurs de religion ainsi que les convertis sont des trompeurs et des ambitieux. Exemple : Martin Luther, docteur en droit de l'ordre des Augustins en Allemagne (1517), protesta contre sa religion en publiant une longue série d'articles des lois qui composaient l'église catholique qu'il appela abus, invitant tous les fidèles à le suivre dans sa rébellion invoquer comme lui l'église primitive et l'indiquer pour modèle, l'évangile en main. Eh bien, la cause qui excita Martin Luther à protester, fut une question d'intérêt : — Depuis bien des années, les moines Augustins recevaient la mission lucrative de publier les indulgences de Pâques, mission qui leur était attribuée en reconnaissance du prêt, qu'ils avaient fait au pape pour l'achèvement de l'église St-Pierre à Rome. Mais une année cette faveur leur fut retirée et donnée aux Dominicains. Excités par la jalousie ils résolurent de se venger. Ces bruits eurent un grand retentissement à cette époque. Le pape Léon X envoya près de Luther, Cajétano cardinal et légat. Ce dernier, après avoir employé des paroles de douceur pour ramener ce réformateur à la soumission et voyant qu'il n'obtenait rien de lui, finit par des menaces et en 1520 Luther fut excomunié par le pape. — En 1545 tous les prélats de l'église catholique furent appelé au grand concile œcuménique de Trente pour y discuter les questions religieuses. Mais rien ne se modifia dans la situation, au contraire la persécution et la guerre reprirent avec plus de violence. Calvin prêcha lui aussi la réforme contre l'Eglise, mais avec des idées différentes de celles de Luther. Etant dans l'enseignement, il s'inspirait d'un livre intitulé : «l'Institution chrétienne» tiré de la Bible (ancien testament). Il propagea sa doctrine en Suisse, puis en France ; et quoique différents dans leur culte Luther et Calvin étaient d'accord pour prêcher contre les abus de l'église catholique : l'un, l'Evangile en main et l'autre, la Bible. Mais l'un et l'autre étaient fanatiques. — Tous ces livres ne sont qu'un tissu de mensonges que des hommes intéressés ont inventés et composés et veulent obliger le peuple à croire pour assurer disent-ils, notre salut, notre bonheur éternel après l'existence, pendant qu'eux se le procurent dans ce monde à nos dépens. La Bible, le livre sacré des Anciens, a occupé l'esprit des peuples deux mille cinq cents ans. Prédisant l'arrivée du Messie ; l'année, le jour et même l'heure accompagnée et précédée de phénomènes météorologiques, mystérieux, ravissants, éblouissants. L'époque vint ; l'année, le jour et l'heure passèrent et rien d'anormal ne se produisit dans la nature. Le soleil continua sa course apparente comme d'habitude. Les étoiles brillèrent de leur même éclat sous la voûte céleste et dans les espaces infinis.

Mais le peuple, trop fanatique à cette époque, pour s'apercevoir qu'il était trompé, attendait toujours. Des intrigants, des ambitieux en profitèrent pour se faire adorer comme des dieux. Et plus d'un demi-siècle s'écoula pendant lequel un grand homme vécut, un grand esprit, un savant, un homme humain, libéral, comme il ne s'en est pas vu depuis : le juif Jésus. Lui seul fit trembler tous les despotes de la guerre et s'acquit la plus haute influence possible ; il prêcha la fraternité et exhorta tous les peuples de la terre à s'aimer, à s'unir, ne plus avoir de frontières et plus de guerres. Il émerveilla la foule qui le suivait, par des expériences scientifiques que nul ne connaissait que lui. On voulut les attribuer à un pouvoir surhumain, une puissance divine et le qualifier de Dieu. Jésus protesta,déclara ne pas croire aux révélations mystérieuses et être déiste, socialiste, républicain. Ses ennemis étaient monarchistes et prêtres fanatiques. Ils étaient unanimes à le condamner à mort, mais ils avaient peur pour leur pouvoir, d'un soulèvement général et d'une grande révolution s'ils tentaient d'arrêter Jésus au milieu de son peuple qui l'adorait. Ils étaient effrayés d'un pareil talent, rampaient comme le serpent, inventaient mille embûches pour le surprendre isolé des siens. Je vous ai fait connaître l'acte barbare et hypocrite dont ils se servirent pour l'arrêter et le conduire chez le proconsul romain.

Quand ces despotes, génies du mal, eurent assouvi leur vengeance, en faisant mourir cet homme plein d'humanité et d'amour pour le peuple, ils relevèrent la tête, triomphants, pleins d'audace et animés par la haine, ils s'armèrent du glaive et massacrèrent sans merci tous ceux qui résistèrent et voulurent enseigner la vraie doctrine de Jésus-Christ dont les écrits avaient été brûlés ; enfin, ils firent périr tout ce qui aurait pu entretenir son souvenir, car son influence avait été si grande que tous les despotes avaient frémi devant son nom ; le sang coula en abondance sur tous les points. On gouverna par la Terreur, on jeta un voile sur le progrès. La dictature, le gouvernement d'alors, dicta aux consciences humaines leur croyance. Le coup frappé fut si violent que les générations suivantes ne connurent rien de la vérité de Jésus. On parlait bien de son influence, mais le raisonnement était contraire à la vérité.

Les appréhensions que Jésus avait eues pendant sa vie et qui le rendait triste et rêveur n'étaient que trop fondées. Les dictateurs ayant jeté un défi sur tout et n'ayant plus de preuves du contraire, allaient exploiter le nom de cet homme de bien à leur profit et le fanatisme allait s'en emparer. A cette époque, les Romains étaient les dictateurs de tous les peuples. On était alors sous le règne d'Auguste, empereur, neveu de Jules César et héritier triumvir de la couronne, avec Antoine et Lépide, jusqu'à la bataille d'Actium. De concert avec tous les souverains, il avait ordonné les poursuites contre Jésus et loua les Juifs de l'accomplissement de leurs actes criminels.

Une religion humble et sans prestige à cette époque méprisée des autres était l'église catholique appelée hérétique à cause des modifications qu'elle avait fait au livre de Moïse, la Bible, dont elle s'était servie pour se fonder. Elle cherchait le moyen de s'élever, de devenir influente et dominer à son tour. Pour cela, elle cherchait une cause. Il fallait trouver un Messie, un Dieu, il fallait un homme dont la vie ait eu un grand retentissement, qui fut doué d'un grand talent et qui éblouit le monde par ses prodiges. Un jour, elle feint un grand cri, une exclamation mêlée de joie et de haine et invite le peuple à ne plus attendre le Messie. Il avait été crucifié, disaient-ils, par les Juifs. Le fanatisme était grand alors et l'on y eut foi. Aux premiers bruits, les Romains défendirent aux catholiques l'exercice de leur culte en y ajoutant le mot Christ et de s'appeler chrétiens, mais leur défense ne fut pas observée. Ils composèrent un livre où ils citèrent les soi-disantes paroles de Jésus-Christ. Quatre hommes l'ont écrit et appelé Evangile, ce sont : Mathieu, Marc, Luc et Jean, que l'on canonisa et appela saints. Dès lors, le paganisme et le Christianisme s'étaient déclaré une guerre terrible et sans précédent. Les persécutions et les crimes de toutes sortes étaient inouïs et incalculables.

Voilà pourquoi je ne crois à aucune religion, car dans le surnaturel que les hommes ont créé, il n'y a pas une syllabe de vérité ; tout a été inventé pour exploiter nos consciences, nous diviser et vivre à nos dépens. Luther et Calvin ne prêchèrent la réforme du Christianisme, leur religion, que par ambition et haine ; Henri IV ne se convertit à la loi catholique que pour la couronne de France. Tous ces hommes n'avaient pas la foi. Tout n'était chez eux qu'apparences et feintes. Ce que je viens de dire sert d'exemples. On ne trouve la vraie foi que dans l'ignorance. Plus les religions diminuent, plus l'ignorance y est grande, plus le fanatisme triomphe et y gouverne. Le contraire s'observe dans les pays les plus instruits et les plus civilisés. Jésus-Christ lui-même l'a indiqué dans ses discours anti-religieux et s'est appliqué à nous le démontrer ; moi qui vit fermement de ses principes, je crois qu'il existe un être suprême, et que pour être tous heureux il faut ne faire qu'un peuple sur la terre, il faut n'avoir qu'une morale, puisqu'il n'y a qu'une vérité logique au monde. Nous sommes tous des enfants de la ature, nous devons nous inspirer que d'elle, étudier ses lois qui sont les seules lois de Dieu et n'avoir qu'une République.

HENRI IV
(Roi de Navarre)

Ce Bourbon, ambitieux de la couronne de France, après trois ans de guerres acharnées contre les Catholiques fut convaincu qu'il ne rentrerait jamais dans Paris s'il ne changeait de religion, et le 25 juillet 1593 il abjurait à la basilique de St-Denis (près Paris). Quelques jours après il rentrait solennellement dans la Capitale, attendu par la foule enthousiaste qui l'acclamait, jetait des couronnes et des fleurs sur son passage, l'accompagnant en procession à Notre-Dame où un personnel composé de hauts magistrats et prélats, évêques, archevêques etc., attendaient le converti pour célébrer sa soumission à l'église catholique, apostolique, romaine. Paris était pavoisé, triomphant ; les cloches sonnaient à toutes les églises, en signe de cette grande fête, victoire pour les catholiques et échec pour les protestants. Le pape avait envoyé son absolution. Mais Mayenne, son ennemi, continua à tenir les armes contre lui jusqu'en 1595 où les deux armées se rencontrèrent à Fontaine-Française (Bourgogne). Les armées du roi mirent en complète déroute les ligueurs dont Mayenne, leur chef, se rendit. Cet acte découragea la ligue qui se démembra. Trois ans plus tard, Henri IV fit preuve de bon sens et d'humanité en rendant la liberté aux consciences par son célèbre Edit de Nantes (1598) qui valut mieux que toutes les conquêtes.

Les lettres, les arts et les sciences prirent alors un grand développement et les peuples respiraient. Le commerce se développa d'une façon générale. Le roi avait pour conseiller et premier ministre Sully, un homme de grand esprit. On était entré dans une ère de paix. On avait signé le traité de Vervins (1598). Le roi allait jouir de sa couronne et le peuple du repos lorsque le 14 Mai 1610, le roi fut assassiné rue de la Ferronnerie par l'infâme Ravaillac, comme il se rendait auprès de son fidèle ministre Sully, alors malade.

LOUIS XIV

Jamais la France n'avait été si prospère que sous ce règne pendant que Colbert était premier ministre. Les arts et les sciences, le commerce et l'industrie étaient florissants. Mais ce roi fastueux aimait la gloire et les grandeurs. Il crut que tout devait plier devant lui.

Il haïssait les protestants et employa tous les moyens pour les mécontenter, les faire soulever et les mettre à bout de patience. Il créa contre eux les dragonnades qu'ils supportèrent patiemment. Voyant qu'il ne réussissait pas, le roi résolut de concert avec le pape et un ordre qui avait été fondé en 1641 par un gentilhomme espagnol, l'ordre des Jésuites (qui avait approuvé et soutenu les conclusions du concile de Trente) de révoquer l'Edit de Nantes (1685).

Ce qui fut un grand malheur pour la France et ralluma les guerres de religions. Les riches industriels, ainsi que les hommes d'arts et de génie s'expatrièrent plutôt que de changer de religion. L'Angleterre, la Hollande, l'Allemagne et l'Espagne nous déclarèrent la guerre et le règne de Louis XIV bien commencé, finit très mal.

LOUIS XVI

Et la Révolution Française

Louis XVI accepta la couronne et était de la famille des grands despotes comme le sont tous les souverains. Car quoiqu'une monarchie soit plus sociable qu'une autre, il n'est pas possible de réaliser des progrès sérieux sous son régime ; le progrès est contraire aux principes des dynasties et les petites modifications dans une royauté ou un empire résultent du caractère de l'homme qui gouverne, du choix des ministres dont il s'entoure et de son degré d'énergie et de vouloir.

Louis XVI avait les qualités d'un bon roi, mais sans génie, sans énergie et presque sans volonté, se laissant dominer par une cour corrompue, qui mangeait l'argent du pauvre peuple dans des fêtes de gala où il conviait les cours d'Europe. Cependant les récoltes de blé avaient manqué en France, le pain était très cher, les travaux n'allaient pas, on avait augmenté les impôts de l'Etat, du clergé et des seigneurs en surplus de la corvée et la dîme, ce qui augmentait la misère du peuple. La famine faisait chaque jour de nombreuses victimes. On adressa des plaintes au roi en lui demandant du pain, des moyens d'existence, car son peuple mourait, faute d'alimentation. Il donnait toujours de bonnes réponses, mais jamais les actes ne répondaient à ces promesses.

Enfin, au milieu de cette misère, de grands hommes politiques s'occupèrent de la situation et finirent après plusieurs supplications à lui faire accepter la convocation des Etats généraux, afin de reviser et de rédiger la Constitution. Le 27 juin 1789 les Etats, réunis à Versailles, se proclamèrent en Assemblée Constituante. Les premières séances furent très orageuses. Le conseil d'Etat se composait de trois ordres généraux : la noblesse, le clergé et le Tiers-Etat. Ils avaient pour habitude de délibérer chacun à part et chaque délibération comptait pour un ; ce qui faisait que le clergé uni à la noblesse comptait pour deux, tandis que le Tiers-Etat ne comptait qu'un.

Par ce moyen la majorité était toujours assurée au roi.

Mais après la cinquième séance, le clergé se réunit au Tiers-Etat et dès ce moment ayant acquis la majorité il décréta que le vote aurait lieu en commun. Le roi avait perdu la majorité et la noblesse se voyant battue émigrait, emportant avec elle l'argent de la France, à l'étranger pour l'implorer de lui prêter sa puissance militaire pour la ramener en France, reprendre son autorité et ses privilèges, et abolir la Constitution. Alors le roi ne faisait plus rien de sa volonté.

Le clergé et le Tiers-Etat prirent le nom d'Assemblée Nationale et les partis qui représentaient la France se mirent au travail ; rien ne les interrompit malgré la clameur d'une foule ameutée qui parcourait la capitale.

Ils y étaient pendant la prise de la Bastille, le 14 juillet 1789, ainsi que les journées du 5 et 6 octobre de la même année et en 1791 ils avaient terminé la tâche et laissaient au monde un chef-d'œuvre de raison et de bon sens : l'abolition des priviléges, l'égalité de tous devant la loi, l'égalité du commerce, n'ayant égard qu'au mérite dans tous les emplois du gouvernement, la création d'un jury dans les cours d'assises, la justice de paix, etc., etc.

Ceci était un grand pas en avant dans la civilisation, mais les rois qui nous entouraient en furent vexés. La Constituante qui s'était retirée quinze jours plus tard avait laissé la Constitution entre les mains d'une Assemblée législative composée par les Girondins : Vergniot à leur tête présidait. Le roi au premier abord ne voulut pas s'y conformer, se voyant sous la domination d'une Assemblée dont lui n'était que le contrôle, lui qui avait été roi absolu.

Une nuit, il prit la fuite vers la frontière de l'est pour rejoindre l'ennemi, mais il fut reconnu à Varennes (Meuse) et ramené à Paris. Il accepta alors la Constitution. L'Assemblée législative faisait les lois et le roi les signait, mais l'Allemagne et l'Autriche avaient passé nos frontières et nous venions de subir quelques échecs. L'armée envahissante était commandée par le prince Brunswick et la nôtre par le général La Fayette. Nos soldats, intrépides étaient déjoués par l'ennemi qui connaissait tous nos plans et déviait toutes nos attaques. On pressentait une lâche trahison, mais on ne pouvait concevoir d'où elle provenait et qui en était la cause. Les Parisiens exaspérés et ayant des soupçons sur la personne du roi se portèrent en masse sur les Tuileries défendues par les Suisses et auraient fait un mauvais parti au roi s'ils l'avaient atteint. Mais Louis XVI se réfugia au sein de l'Assemblée et les députés décrétèrent sa suspension momentanée jusqu'à plus ample éclaircissement des crimes supposés jusqu'alors.

RÉPUBLIQUE DE 1792

Le peuple, ainsi que les cadets de la noblesse eurent un moment d'angoisse et de terreur. L'armée de Brunswick s'avançait et nos braves et intrépides soldats battaient en retraite sur plusieurs points, mais en bon ordre. Lorsque le 21 septembre 1792, la Convention nationale proclama la République et la chute définitive du roi, ce cri n'eut qu'un écho dans toute la France. L'enthousiasme fut indescriptible, les jeunes gens ainsi que les vieux quittaient leur famille et s'enrôlaient comme volontaires. Des campagnes, des villes et des villages, tout ce dirigeait à l'Est où était l'ennemi, conduit par des caporaux et des sergents qui leur apprenaient la manœuvre sur les routes, excités par le chant de la *Marseillaise*, nouvellement connue. Ces hommes enthousiasmés étaient pleins de cœur et de courage. Jamais dans le monde, il ne s'était vu pareil spectacle. Ces hommes allaient mourir, mais cette mort était volontaire. Ils n'allaient pas se battre pour le plaisir de tuer, massacrer, piller, incendier, s'emparer des richesses ainsi que du sol, mais arrêter les despotes et les rois qui venaient anéantir le progrès qui se montrait si brillant. Ces volontaires allaient rejoindre l'armée du Rhin commandée par Kellermann qu'attendait le général Dumouriez. Ces hommes n'étaient pas des soldats aguerris, n'étaient pas costumés, avaient leurs habits d'ouvriers, de laboureurs, beaucoup étaient chaussés de sabots. Ils n'avaient pas fait campagne, n'avaient pas séjourné dans les casernes, enfin n'avaient pas appris à faire la guerre par principe comme les vieux vétérans de l'armée prussienne avec qui ils allaient se mesurer mais ils avaient le cœur et le courage. Ils n'allaient pas se battre de force, car ils étaient volontaires, mais pour sauver la liberté menacée.

Kellermann apprenant que l'armée prussienne occupait les hauteurs de Valmy y court à marches forcées, arrive la nuit du 20 septembre 1792, distribue ses ordres à ses officiers et à midi la bataille éclate sur toute la ligne qui occupe plusieurs kilomètres. La lutte est acharnée de part et d'autre. Les colonnes françaises s'avancent au pas de charge et attaquent vigoureusement un ennemi supérieur en nombre, équivalant à deux contre un, occupant des positions avantageuses et couverts par les bois touffus sur des points élevés. Au début, l'armée française souffrit beaucoup, mais ses intrépides soldats voyant tomber leurs camarades redoublaient d'ardeur pour les venger. Les canons grondaient continuellement sur tous les points. L'artillerie française, bien dirigée, est commandée par un jeune prince cadet de la branche royale, le duc de Chartres, plus tard Philippe Ier roi des Français.

Au plus fort de la mêlée deux caissons de l'artillerie française éclatent, mais ces braves soldats grandissent au moment du danger. Tout à coup le feu de l'ennemi diminue comme par enchantement, on entend au loin une fusillade et chacun se demande ce qui se passe. Au sommet de la colline où il se trouve un moulin à vent, on s'y bat. Mais dès le premier abord on ne distingue rien. Bientôt on entend les trompettes françaises sonner la charge. Dumouriez a entendu le canon et s'est précipité au secours de Kellermann avec ses volontaires, il a trouvé un passage innoccupé par les Prussiens et les déloge de leurs positions à la baïonnette. Les Prussiens, effrayés et craignant d'être entourés, battent en retraite. Le pavillon français est hissé au Moulin à Vent. Nos soldats s'y dirigent au pas de charge, la bataille est gagnée.

C'est un brillant début pour la République, Dumouriez court en Flandre et en Belgique où les Français sont acclamés au cri de : Vive la République !

Pendant que les armées françaises chassaient les ennemis du territoire, la Convention nationale s'occupait du sort du roi. Elle faisait une minutieuse enquête et recueillait des témoignages authentiques et accablants de sa haute trahison, de son intelligence avec l'ennemi qu'il attendait pour reprendre sa royauté absolue, restaurer la noblesse et abolir la Constitution ; et pour tromper ses surveillants, il feignait le patriotisme afin d'étouffer tout soupçon. Les rois, jusqu'alors, étant comblés de privilèges et d'autorité, personne n'aurait osé s'occuper de leur conduite, car au moindre mot on était passible de la peine capitale, mais on avait aboli les privilèges en France.

RÉPUBLIQUE DE 1793

La Convention nationale s'était organisée en tribunal suprême pour le procès de Louis XVI qui dura quatre jours. Il avait requis pour sa défense les hommes les plus célèbres de l'époque, mais il fut impossible de nier la trahison et le roi fut condamné à mort et exécuté sur la place de Grève, le 25 janvier 1793. L'abolition des privilèges, l'égalité des lois pour tous fut pour les souverains d'Europe,contraires à leur domination et portaient atteinte à leur égoïste dynastie. Ils jurèrent, dès lors, d'écraser la République en France.Pour cela ils se coalisèrent et se jetèrent vainement sur elle. Tous les rois de l'Europe franchirent les frontières sur plusieurs points : ceux de l'Angleterre, la Prusse, l'Autriche, la Russie, l'Espagne, la Suède, la Norvège. Ajoutez à cela l'insurrection allumée sur tous les points de la France par les royalistes, le général Dumouriez vendu à l'ennemi, et vous aurez une idée de l'embarras du pouvoir à cette époque.

Des hommes énergiques, appelés les montagnards, avaient pris le pouvoir : Marat, Robespierre, Danton étaient les principaux.

Des historiens ont fait supporter de lourdes charges à ces hommes qui firent des prodiges, à l'époque où l'Europe entière était contre nous, où la guerre civile était partout, où Lyon se révoltait contre la République et l'obligeait à en faire le siège, où la famine décimait le peuple car les seigneurs et toute la noblesse en émigrant avait emporté avec elle les trésors de la France. N'était-ce pas aventureux, ne fallait-il pas avoir du courage et de l'audace et se reconnaître un grand talent pour entreprendre de sauver la France et la République. Eh bien ! ces hommes que l'on a tant blâmé, l'ont sauvée. Je suis convaincu qu'il y a eu des victimes. La Convention assiégée de toutes parts, ne pouvant subvenir à tout, confia à des hommes, qualifiés de sincères républicains, des pouvoirs illimités dont parfois ils se servirent pour une vengeance personnelle et firent des victimes innocentes ; mais c'était la Terreur. La guillotine était permanente dans toute la France et il ne s'agissait que d'un faux témoignage pour en être victime. Hélas ! que serait-il arrivé si nos ennemis avaient été les vainqueurs. Ils auraient aboli la Constitution, étouffés la République et arrêtés tout progrès et les Républicains auraient été fauchés comme des épis mais ils furent des héros et jamais à aucune époque un peuple fit de pareils actes d'héroïsme. Ils refoulèrent les armées envahissantes, éteignirent les sanglantes guerres civiles et procurèrent des aliments au pauvre peuple qui était alors sans ressources et la Convention fit faire des assignats car il ne restait pas assez d'argent pour le commerce.

La Constitution avait promulguée une loi pénale et elle

devenait criminelle selon le cas où elle était enfreinte. Les royalistes ne paraissaient pas s'en inquiéter et continuaient à émigrer. La France, outre la pénalité que le gouvernement leur infligeait confisquait leurs propriétés foncières ou mobilières qui, abandonnées, revenaient à l'Etat et étaient vendues à son profit ; mais ils s'inquiétaient peu de la défense de la République qu'ils croyaient incapable de résister à l'ennemi qui l'envahissait de toutes parts et à l'insurrection qu'ils avaient allumée partout laissant la France sans ressources et près de sa ruine. Lorsque la Convention eut envoyé son manifeste dans toutes les communes et cantons de France avec ces mots : « Citoyens, la Patrie est en danger ! Il faut vous lever en masse pour combattre l'ennemi », tous ceux qui étaient capables de faire la campagne furent requis et dirigés sur la frontière. Les vieux n'étaient pas sans besogne. Ils composaient la garde nationale et combattaient l'insurrection royaliste. Le canon d'alarme tonnait partout. Les armées des rois avaient surpris la République, avaient déjà envahi une partie de son territoire et croyaient avoir facilement raison d'elle. Ils s'imaginaient ne trouver en France que des bandes d'hommes armés, sans organisation, sans discipline et sans chef capable de bien les diriger. La République ayant révoqué les officiers de l'armée royale, en qui les soldats de la République n'avaient pas confiance, en avaient improvisé de nouveaux, de jeunes hommes de cœur et de talent tels que Carnot, capitaine de génie qui dirigea et traça les mouvements d'une armée de plus d'un million d'hommes et Hoche, soldat à vingt ans et général à 25, Marceau, général à 25 ans, Kléber, Jourdan, etc., dont la bravoure, le courage avaient tellement surpris les ennemis qu'ils appelaient les français des « lions ».

Eh bien ! ce fut cette année 1793 que l'on a tant critiquée qui sauva la Révolution française. Ce fut elle qui refoula l'ennemi au delà de son territoire et éteignit la guerre civile que les royalistes avaient allumée.

Tous ces hommes, à qui l'on a tant jeté la pierre, ont fait le bonheur des peuples en défendant leur liberté. Marat, à qui on attribue tant de malheurs, tant de crimes, est-il réellement coupable, lui qui aimait tant le peuple, et qui fut victime d'un complot tenu à Caen par les Girondins ? Après avoir troublé l'esprit d'une pauvre jeune fille qu'ils magnétisèrent par le fanatisme, ils armèrent son bras et l'envoyèrent à Paris, trouver Marat et le poignarder. Lorsque la jeune fille sonna et demanda une entrevue, Marat ordonna de l'introduire. A cette heure, il était dans son bain. Il lui fit signe d'approcher, il lui demanda le sujet de sa visite. Elle lui dit qu'elle lui apportait la liste des Girondins. Aussitôt Marat, s'apprêtant à les inscrire, étendit la main vers la petite table qu'il avait près de lui pour y prendre sa plume. Il découvrait ainsi sa poitrine. La jeune fille profita de ce moment d'occupation pour tirer le poignard dissimulé sous sa mantille et le plonger sous le sein gauche de Marat, lui perforant le cœur. Elle avait nom Charlotte Corday, âgée de 18 ans. Eh bien ! cet homme, qu'on supposait avoir fait une fortune immense, n'avait presque rien, ce dont ses héritiers furent très contrariés. Ce grand révolutionnaire était doué d'un grand esprit ; pas ambitieux, n'aimant ni le faste ni la gloire, il avait été populaire, avait haï les privilèges au point que lorsqu'il passait dans un quartier misérable de Paris et apercevait un palais somptueux de la noblesse déchue, il commandait d'y saisir les matières alimentaires pour les distribuer aux pauvres nécessiteux.

Il était d'une finesse et d'une sensibilité remarquables. Il pressentait les événements qui allaient s'accomplir, était un travailleur infatigable et le grand conseiller de la Convention ; rien ne se faisait sans son approbation : Robespierre se sentait son inférieur.

Il avait été le nerf de la Révolution française. Mais après lui hélas ! surgit la guerre des partis qui ambitionnaient le pouvoir. Chacun se disait républicain de diverses nuances. Tous apportaient des programmes différents, récriminaient les uns les autres et se déchiraient même dans leurs discours et dans leurs écrits au point qu'il arriva que les Républicains se firent la guerre entre eux. C'est ce sujet qui occasionna le 9 Thermidor, an II de la République ; cette division rendit les royalistes tout joyeux, trouvant là un moyen de se déguiser eux-mêmes en se disant Républicains avec l'espérance que, lorsqu'ils auraient accompli leurs œuvres équivoques, ils tenteraient une insurrection à leur profit. Heureusement tous leurs efforts furent vains, rien de ce qu'ils avaient espéré ne s'accomplit. Ils essayèrent plusieurs fois, mais le peuple ne les suivit pas.

Nous arrivons maintenant au Directoire en 1795 : — Le pouvoir exécutif est formé de deux conseils, le conseil des Cinq Cents et le conseil des Anciens, dont cinq hommes spéciaux occupent la haute direction ; Barras en est le président. Un espace de quatre ans s'écoule non sans inquiétudes. Les partis déchus tentent de se ressaisir du pouvoir. La Vendée se soulève de nouveau. L'Allemagne, l'Autriche et l'Angleterre nous supposent affaiblis et tentent leur revanche. Le Directoire se trouve embarrassé. On songe alors à un homme qui a fait acte de dévouement pour la République en la défendant contre ses ennemis. Il est en Egypte, on le rappelle pour sauver la France d'une invasion ; et cet homme de génie est le général Bonaparte, né à Ajaccio (Corse), qui guettait le moment favorable, s'empresse d'accourir. — Avec lui la liberté menacée allait périr.

BONAPARTE
(1798)

Les courtisans ne lui manquèrent pas. La noblesse déchue vint lui serrer la main et lui faire miroiter des montagnes d'or s'il voulait accéder à leurs caprices c'est-à-dire rétablir leurs privilèges en devenant leur roi ou leur empereur. Mais, malgré l'ambition qui le dominait, il se souvint qu'il avait été démocrate et avait combattu leurs doctrines ; il ne voulut pas consentir. Il s'était acquis une grande popularité, ayant toujours défendu la République. Mais ses grands succès l'avaient rendu ambitieux. Il rêvait malheureusement à une gloire personnelle. Venu à Paris en 1798 il trouva le Directoire bouleversé par des partis. Il pensa à faire un coup d'Etat, lui aussi, cet homme qui s'était acquis la confiance populaire aux heures difficiles, en défendant la liberté menacée, qui avait fait le siège de Toulon, livré par les royalistes aux Anglais en 1793, qui avait châtié les Italiens qui inquiétaient sans cesse la République.

Aucun n'aurait cru qu'il devienne despote lui-même. Ce fut le 18 Brumaire qu'il accomplit son coup d'Etat (9 novembre 1799). Barras et deux directeurs furent arrêtés, le conseil des Cinq-Cents transféré à St-Cloud dissout, le Directoire aboli et remplacé par 3 consuls dont Bonaparte est le premier. Cet acte était un attentat aux lois existantes, mais le pays sembla l'approuver n'en connaissant pas le sens. Sa gloire s'élevait toujours. Il avait réussi à traverser le Mont St-Bernard avec son armée, tromper l'armée Italienne qui n'aurait jamais cru l'ascension possible et écraser les Autrichiens à Marengo (1800). Alors le clergé et toute l'aristocratie vinrent lui faire leurs condoléances et lui offrirent leurs services : Bonaparte écoutait tout et jugeait selon ses idées.

NAPOLÉON Ier

(1804)

Bonaparte était donc arrivé à satisfaire son ambition ; Empereur des Français, l'Europe entière sauf l'Angleterre l'avait reconnu. Le pape vint à Paris le sacrer à Notre-Dame. Il fit une nouvelle bourgeoisie et une nouvelle noblesse, mais cette noblesse prenait ses titres sur le champ de bataille. Le pape qui crut que Napoléon allait lui restituer tous ses états qu'il avait dû sacrifier en 1796 fut déçu dans ses espérances et lui jura une haine implacable. Il s'unit avec l'Angleterre et l'Espagne pour le perdre. Et quoique Napoléon eut signé le Concordat et ordonné le libre exercice du culte catholique en France, subventionné son culte très coûteux à l'Etat, le pape ne s'en contenta pas et de concert avec l'Angleterre créa des ennemis à l'Empire, coalisant l'Europe contre lui. L'empereur frappé de l'exigence sans bornes du pape, de son hypocrisie et de sa trahison manifeste, résolut de se venger, le dépouilla des états qui lui restait, l'arracha du Quirinal et l'envoya à Savone, port d'Italie, près Gènes et ensuite à Fontainebleau près Paris. Mais Napoléon, cet homme de grand génie, ne jouit pas matériellement des avantages de sa gloire, car il n'eut jamais de repos. Toujours en guerre, il suivait ses armées et bivouaquait comme elles. Il supportait les fatigues et les rigueurs des divers climats très variables du nord au midi. Il ne fut pas toujours l'auteur des guerres, il aurait bien voulu se reposer et jouir de sa couronne. Mais lorsqu'il avait soumis ses ennemis par des batailles sanglantes, l'Angleterre ne tardait pas à leur faire rompre les traités en combinant une nouvelle coalition contre lui et la guerre recommençait. En 1810, l'armée coalisée fit brûler Moscou, ancienne capitale de Russie, afin de laisser notre armée sans abri pendant l'hiver terrible de ce pays qui obligea l'armée française à battre en retraite ; l'histoire retrace les tristes péripéties de la retraite de Moscou.

En 1813, Napoléon abdiqua en faveur de son fils, roi de Rome, âgé de trois ans et fit ses adieux à sa garde réunie à Fontainebleau ; les puissances coalisées lui assignèrent pour résidence l'île d'Elbe (avril 1814). Alors la première restauration commença. Louis XVIII frère de Louis XVI accepta lâchement de gouverner la France, malgré sa volonté, et l'histoire indique les horribles souffrances qu'endurèrent les Français sous la Terreur blanche. Mais tout à coup un cri de terreur pour la Royauté éclatait. Napoléon s'était échappé de son île ; l'exilé avait débarqué à Cannes et quelques jours plus tard rentrait glorieusement à Grenoble. Le peuple et l'armée lui ouvrait les portes et l'acclamait comme le libérateur ; ensuite il prenait la route de Lyon se dirigeant sur Paris, bravant la résistance que lui firent les armées du roi, il continua sa marche avec succès. Le roi effrayé rassembla tous ses moyens de défense et ordonna au maréchal Ney qui commandait les meilleures troupes d'aller arrêter Napoléon et de le lui amener prisonnier ou mort. Ney partit de Paris et le rencontra près de Châlons. Au lieu de lui livrer combat, il vint à lui et lui serra la main, lui disant : « Je suis à vos ordres, mon maître », les deux armées se confondirent en une seule et marchèrent sur Paris. Louis XVIII apprenant cette nouvelle fut frappé de terreur et prit la fuite. Napoléon se réinstalla aux Tuileries et fit une levée en masse, battit les Allemands à Fleurus et ayant appris que l'armée anglaise campait près de Waterloo, le 18 juin 1815, il y courut et trouva cette armée commandée par Wellington établie sur les hauteurs appelées mont St-Jean, position formidable qui dominait la plaine. Napoléon les attaque à dix heures du matin et les assiège par des décharges vigoureuses et successives qui déciment leurs rangs. Les Anglais ne peuvent plus se maintenir et leur déroute commence lorsque le canon gronde à notre droite. Ce sont trente mille prussiens commandés par Blücher qui viennent à leur secours. Napoléon leur lance sa garde qu'il a conservée pour réserve et une partie de sa cavalerie. Le choc est formidable. Malgré la résistance des Prussiens, au bout de deux heures de lutte acharnée, ils reculent en désordre. La bataille était gagnée par les Français lorsqu'à huit heures du soir, on aperçut au loin une colonne qui s'avançait rapidement. Au premier abord on crut que c'était les Français, mais on fut bientôt désillusionné, car c'était trente mille Prussiens que Grouchy devait combattre et dont il avait perdu la trace. Alors le sort changea, il se passa dans cette armée française, qui pendant dix heures avait été victorieuse, quelque chose d'étrange.

Sur plusieurs points on sonna la générale sans ordre supérieur et un cri se répandit de « sauve qui peut » la panique se mit alors dans cette armée. On essaya de rallier les fuyards, mais ce fut en vain. Napoléon resta seul avec sa garde que commandait Cambronne. Entourés de tous côtés un général anglais leur dit : « Mes braves, rendez-vous ! ». Cambronne répondit : « La garde meurt mais ne se rend pas ». Napoléon tira son épée, voulut s'élancer à l'ennemi. Son état-major l'arrêta en lui disant : « Sire, attendez les événements » ; un officier retint son cheval par la bride.

Malgré les trente derniers mille Prussiens, nous aurions été victorieux, si à la dernière heure on n'avait pas trahi en jetant l'effroi dans l'armée, sonnant la générale sans ordre supérieur ; et ces traîtres n'ont jamais été connus, car ils favorisaient le régime qui a succédé et trahissaient leur maître. Alors cet homme de grand génie tomba entre les mains de ses plus terribles ennemis, les Anglais, qui l'envoyèrent en captivité à l'île Ste-Hélène située dans l'Océan Atlantique à cinq cents lieues des côtes d'Afrique, éloigné de sa famille et de ses amis sous un climat brûlant et malsain.

Il mourut en mai 1821, à l'âge de cinquante-deux ans, victime de son ambition.

Je n'aime pas les souverains, je n'ai pas l'intention de faire le panégyrique de Napoléon Ier et j'aspire à la fin de leur règne. Cependant, je considère Bonaparte comme le plus libéral des monarques. En 1804, à Cherbourg, dans une réunion de la haute démocratie que Napoléon avait appelé pour s'entendre et se concilier, on lui reprocha d'avoir violé la Constitution et trahi la République. « Ca-

marades, leur aurait-il répondu, aidez-moi à accomplir ma
tâche et à soumettre l'Angleterre qui trouble la paix et
allume constamment la guerre en Europe et je vous ren-
drai la République plus grande et plus forte que je ne
vous l'ai ravie » (européenne).

DEUXIÈME RÉPUBLIQUE
(1848)

Il s'était écoulé 49 ans depuis la première République
en France. Les monarchies qui succédèrent, fidèles à leurs
principes d'entretenir la misère constante des peuples,
s'en acquittèrent fort bien. Les guerres se succédèrent et
n'eurent que quelques intervalles de relâchement. Des
frais s'accumulèrent énormes. Le budget augmentait
chaque année; les impôts écrasaient le pauvre peuple.
Les rois s'attribuaient des dizaines de millions et encore
avaient droit de puiser dans les caisses de l'Etat, don-
naient des fêtes somptueuses, des soirées de gala où les
millions s'écoulaient rapidement; mais que leur importait
à eux !

1848 (Suite)

La 4me monarchie venait de finir. Philippe Ier, roi des
Français, quittait les Tuileries à la suite d'une Révolution
qui venait d'éclater à Paris et se réfugiait en Angleterre.
Le 25 février, la 2me République fut proclamée. Un gouvernement provisoire fut constitué et une assemblée nom-
mée par le suffrage universel se réunit pour rédiger une
nouvelle Constitution, lorsqu'un prince s'échappa du fort
de Ham où il était détenu depuis 1840. Une nuit, il assas-
sina la sentinelle et réussit à s'enfuir sous un déguisement. Ce prince était Louis-Napoléon-Bonaparte, fils du
roi de Hollande (Louis) frère cadet de Napoléon Ier et d'Hor-
tense de Beauharnais, née du premier mariage de l'impé-
ratrice Joséphine. Ce prince vint à Paris et se fit proclamer
président de la République. Il mit le dissentiment dans
les esprits et rendit le peuple mécontent. Le 15 mai 1848,

une insurrection terrible éclata dans la capitale et dura jusqu'au 26 du mois. On fit des barricades partout, surtout dans les quartiers ouvriers les plus populeux. Le général Cavaignac vint pour calmer l'excitation, mais trop tard, le sang avait coulé à flots et Napoléon se fit élire président de la République, le 10 décembre 1848, pour dix ans. L'Assemblée législative qui avait succédé à l'Assemblée Constituante fut dissoute par son coup d'Etat du 2 décembre 1851. La Constitution fut violée et dans la nuit, il fit arrêter les représentants du peuple sans aucun autre droit ni autre motif que celui de vouloir régner par la force. Il les envoya sans jugement en captivité et le 2 décembre 1852 se fit proclamer Empereur des Français par un suffrage universel dont il s'était assuré l'avantage. Il se passa alors de bien tristes choses en France. Des milliers d'honnêtes familles n'ayant commis d'autres fautes que celles de s'être dites républicaines, étaient saisies, conduites sans procès ni jugement à l'exil, allaient peupler Cayenne, Belle-Isle et Nouméa, ou bien restaient sur les pontons. Cet homme était un mauvais génie. Il haïssait le peuple et ne savait que faire pour lui nuire et le rendre misérable; ce parasite, cet homme sans cœur et sans courage vivait à nos dépens ; lui et sa famille s'attribuaient et prélevaient annuellement sur le budget 52 millions de francs et se réservaient le droit de mettre la main à la caisse de l'Etat. Tous les administrateurs avaient des payes également fabuleuses. Il augmenta chaque année les dépenses, fit des guerres infructueuses et sans motif ; la 1re en 1854 contre la Russie ; ensuite en 1859 en Italie contre les Autrichiens ; en 1860, expédition de Chine ; en 1861, campagne de Cochinchine ; en 1863, expédition du Mexique. Toutes ces guerres ne coûtèrent pas moins de 22 milliards. Puisant dans la caisse publique, il dépensait l'or que le peuple lui confiait. Il avait corrompu nombre d'hommes de haut talent et de grandes capacités dont l'intérêt avait eu raison de la conscience qu'ils avaient vendue. Il recruta dans toutes les classes même dans les bouges les plus humiliants, il engagea les récidivistes, les souteneurs, les saltimbanques, les filles soumises, même les cambrioleurs, pour sa police secrète, mouchards de l'Empire. Que lui importait à lui, homme pétri de tous les vices et sans aucune valeur, de distribuer les millions et les milliards du peuple ! Que lui importait à lui, que ce fussent des filous qui le gardent! N'était-il pas leur chef et ne leur montrait-il pas l'exemple chaque jour? Parmi son entourage, quand ceux qu'il appelait ses indispensables, eurent satisfait leur ambition, qu'ils eurent acquis des millions et se furent faits des noms retentissants, alors ils ne servirent l'Empire qu'avec répugnance et finirent même par l'abandonner, n'ayant pour lui que dédain et mépris. Et dès la dix-huitième année de son règne, Napoléon, s'apercevant que le vide se faisait autour de lui, que ses amis de jadis le fuyaient, et que le peuple murmurait, voulut tenter une expérience et écrivit son manifeste : « Votez oui, c'est la paix ; votez non, c'est la guerre », et quoiqu'il eut une majorité apparente constituée en *oui*, il reconnut, lui, qu'il n'avait qu'une réelle minorité. Voyant que son règne s'achevait, il résolut de tenter un grand effort et de se venger du peuple qui ne le voulait plus. Au mois de juillet, malgré les protestations et les remontrances que le parti démocrate de la Chambre des députés fit à l'Empire au sujet de la guerre qu'il voulait déclarer à l'Allemagne, l'Empereur avec ses principaux ministres déclara cette guerre sans même en faire connaître la vraie cause.

Rien n'était prêt. Notre garde mobile qui, depuis quatre ans, paraissait à l'effectif, n'avait pas été organisée. Les hommes n'avaient pas servi, pas seulement tenu un fusil dans leurs mains et ajoutez encore que la réserve de plusieurs corps était dans leurs foyers, rien n'avait été préparé pour leur incorporation et cependant le général Lebœuf, alors ministre de la Guerre, répondit lorsqu'on lui demanda si l'on était prêt, qu'il ne manquait pas même un bouton de guêtre : ses assertions étaient fausses et mensongères. On manquait de tout, on rentra en campagne avec 250.000 hommes pour occuper une frontière de 50 lieues de long où il aurait fallu au moins 500.000 hommes. Nos places fortes n'étaient pas approvisionnées pour le cas d'une guerre. Notre artillerie n'avait fait aucun progrès, avait toujours des canons qui se chargeaient par la bouche, tandis que ceux des Allemands se chargeaient par la culasse et le but qu'ils atteignaient était supérieur au nôtre à plus de mille mètres. Ils incendiaient nos places fortes et nos boulets tombaient sans les atteindre. Les officiers supérieurs n'étaient pas capables. Lorsqu'ils avaient fait leurs classes, avaient acquis un haut grade, ils ne s'occupaient guère de leur devoir de soldat, ils l'abandonnaient pour mener la vie joyeuse de grand viveur. Pourvu qu'ils eussent un beau costume, des galons dorés, des épaulettes, ils se promenaient fiers comme des paons, croyaient avoir assez de capacité et de savoir, ne s'occupaient presque plus de leurs études. Ce que j'indique a été prouvé et contrôlé par plusieurs témoins oculaires.

Pendant la campagne de 1870, des colonels et même deo généraux s'étaient perdus et ne connaissaient pas le département où ils étaient, ni le nom des villes qu'ils apercevaient. N'était-ce pas là une honte pour les officiers de l'Empire ?

Enfin, les 17 et 18 du mois d'août, l'Empereur et tout son état-major se réunit à Châlons pour décider la route à prendre pour dégager Metz où Bazaine se trouvait bloqué avec 120.000 hommes. On résolut de passer par Sedan. On se mit en marche, on traîna en longueur, on resta douze jours en route et lorsqu'on y arriva, les Allemands avaient pris les positions les plus avantageuses, les plus importantes et avaient eu le temps d'établir leurs batteries sur les monts qui dominent toutes les avenues et la ville. Lorsque notre armée y arriva, elle avait déjà été bien éprouvée ; elle avait manqué de vivres, et elle avait beaucoup souffert. Dès le matin du 1er septembre, nos colonnes attaquèrent l'ennemi avec une vigueur extrême ; mais trop inférieurs en nombre, ayant de mauvaises positions, étant à découvert, elles ne purent tenir au feu terrible de l'ennemi dissimulé dans les bois, dont la forte artillerie faisait de grands vides dans nos rangs. Mais, à onze heures du matin, Napoléon qui suivait l'armée, et qu'on ne voyait jamais, fit hisser le pavillon parlementaire, le feu cessa ; chacun tint ses positions pendant quelque temps et bientôt on ordonnait de mettre bas les armes et de se rendre prisonnier : Napoléon venait de signer la capitulation de Sedan et celle de son armée à 11 heures du matin.

TROISIÈME RÉPUBLIQUE
(4 Septembre 1870)

La République était proclamée quatre jours après la capitulation de Sedan. Le régime qui avait déclaré la guerre était déchu et dans ce cas il n'y avait pas raison de continuer les hostilités, puisque le peuple français avait protesté contre. Alors une question diplomatique s'imposait, d'une grande importance pour la République. Jules Favre, le prince de la parole de cette époque, était envoyé comme parlementaire auprès de Guillaume et de son grand chancelier Bismarck, pour tenter une conciliation, il leur dit : « Je viens, au nom du peuple français, aujourd'hui en République, vous inspirer de ses volontés ; mon mandat est : « conciliation et paix ». Vous avez vaincu l'Empereur qui vous avait déclaré la guerre, vous l'avez fait prisonnier, disposez-en comme il vous plaira. Aujourd'hui le peuple a rétabli son gouvernement et ne demande que la paix. » Mais le roi répondit par des exigences impossibles et ces mots barbares et insolents : *Après tout, je me battrai avec le peuple, pour satisfaire mon ambition.*

Cette impudente réponse fut bientôt connue de tout le pays mais la République avait encore espoir. A Metz, un corps d'armée de 120.000 hommes n'était que bloqué, on fit une levée en masse et on se hâta de former une nouvelle armée avec l'espoir que Bazaine tenterait un sublime effort pour se débarrasser de la ceinture ennemie qui le cernait, et qu'on pourrait lui porter secours. Son armée réorganiserait les communications avec Paris et refoulerait l'armée prussienne au-delà du Rhin, étant appuyé à droite et à gauche par les armées improvisées. Mais lorsque le maréchal Bazaine apprit que l'empereur était prisonnier en Allemagne, que la République était proclamée en France, il ne tenta aucun effort pour communiquer avec elle, et n'essaya pas de faire une trouée pour sortir de sa prison.

Il préférait laisser mourir son armée de besoin plutôt que de lui permettre de tenter une sortie qu'elle réclamait à grands cris. Il se renfermait chez lui et en défendait l'accès. Il recevait chaque jour de nombreuses correspondances allemandes et le 18 octobre 1870 il capitulait et livrait son armée à l'ennemi qui l'emmena prisonnière et captive en Allemagne. Malgré tous leurs malheurs, les Républicains ne se rendirent pas, quoique notre armée active fut battue, que nos bonnes armes fussent entre les mains de nos ennemis canons, fusils et que ceux dont on pouvait disposer ne fussent que des fusils à piston transformés, qui ne portaient qu'à 600 mètres, au lieu que ceux de nos ennemis en atteignaient 1,200.

L'armée de la Loire formée de la partie de l'armée active qui avait échappée à l'ennemi, de la mobile et des mobilisés, tint pendant six mois tête à l'Allemagne et il est incontestable que si la République avait été proclamée un mois plus tôt les Allemands auraient été refoulés au-delà du Rhin ; il n'y en eut pas moins des actes de courage.

Gambetta, l'organisateur de la défense nationale se sauve, en ballon, de Paris, cerné alors par l'ennemi, le 7 décembre. Le pouvoir exécutif se porte à Bordeaux. L'armée allemande se répand sur plusieurs points de la France. Garibaldi, que Napoléon avait battu à Mantana (Italie), essayant ses nouveaux chassepots sur son armée, Garibaldi qui ne combattait que pour la liberté, apprenant que la République était proclamée en France, vint lui offrir ses armes et battit les Allemands à Dijon ; mais son armée n'était pas assez forte pour les poursuivre et cependant il ne reculait pas. Ces actes d'humanité de la part d'un grand général italien, de race latine, devrait être un exemple pour sa patrie. Il ne manqua pas d'actes héroïques en France. A Belfort, le colonel Denfert-Rochereau, avec 1,200 hommes au début, tint tête à l'armée allemande qui, pendant 7 mois, assiégea et bombarda la ville, sans parvenir à la soumettre : lorsqu'un brave soldat tombait il était remplacé par un civil qui devenait un héros. Tous, jeunes et vieux s'aidaient à défendre la place et préféraient mourir que de se rendre. Belfort ne se rendit pas.

PARIS INVESTI

Après la capitulation de Metz, le 18 octobre 1870, les armées qui la bloquaient, marchaient sur Paris qui le 24 était investi. Mais pour sa défense, tous les parisiens étaient prêts et soldats, jeunes et vieux, soit de la Garde nationale, soit de l'armée active. Ils étaient soldats de cœur pour la liberté. Mais une ville de plus de 2 millions d'habitants ne peut être approvisionné pour plusieurs mois et peu à peu l'alimentation vint à manquer. On taxa chaque tête et la famine commença et devint terrible. On abattit toutes les bêtes domestiques, on vendit les chiens et les chats jusqu'à 20 fr. pièce, puis on chassa les rats qu'on vendit 5 fr. Ajoutez à cela un hiver rigoureux et plus de bois, plus de houille. On abattit les arbres des boulevards et des avenues pour se chauffer. Il y avait une grande mortalité d'enfants et de femmes, mais on s'était résigné à la souffrance et personne ne se plaignait. L'homme allait se battre, pendant que la femme restait au logis souvent sans pain et sans feu. Ces soldats improvisés étaient des lions au combat. On en a vu la preuve au Bourget le 31 octobre, à Champigny, à Buzenval, au Point-du-Jour, etc, mais après cinq mois il n'était plus possible d'y tenir, les provisions manquaient totalement.

Lorsque les Prussiens furent établis sur les hauteurs de Châtillon et autres points dominants, ils entreprirent un bombardement continuel.

Jour et nuit, ils envoyaient des obus et des boîtes à mitraille qui firent de nombreuses victimes, et mirent l'incendie à plusieurs immeubles. Ces journées terribles commencèrent le 9 et finirent le 21 janvier.

Enfin Paris n'eût plus de pain. On ne pouvait continuer la lutte. Alors on parlementa avec l'ennemi pour s'entendre. Mais les Allemands, glorieux de leurs victoires, voulant nous réduire, nous demandèrent 5 milliards et nos deux riches provinces de l'Est, l'Alsace et la Lorraine. Les Français étaient à bout, la capitulation de Sedan et de Metz avait livré notre meilleure armée à l'ennemi, nos meilleurs canons et meilleurs fusils, les armées de la République n'avaient pour se défendre que des armes transformées à la hâte, n'ayant pas subi de sérieux examens, portant peu loin, et d'un tir sans justesse.

Cependant les Allemands qui étaient cinq contre un et disposaient d'armes perfectionnées, grandement supérieures, envahissaient notre sol, et le peuplait de ruines. Alors des négociations s'engagèrent avec l'ennemi et l'assemblée de Bordeaux signa la paix le 21 janvier 1861. Paris se ravitailla. Thiers fit un emprunt de 5 milliards pour l'évacuation du territoire, ce qui ranima la confiance en France. Les travaux reprirent leur cours. De grandes améliorations se firent et après Thiers, président de la République, vinrent successivement Mac-Mahon, Jules Grévy, Carnot, Casimir Périer et Félix Faure.

CHARGES ET RESPONSABILITÉ

La République possède les éléments progressifs et sociaux désirables, mais il faut raisonner, penser et s'intéresser au progrès qui s'est accompli sous son règne, jusqu'à ce jour, et connaître dans quel état l'Empire avait laissé la France. Elle fut obligée de payer cinq milliards d'indemnité à l'Allemagne, de relever ses ruines, de réorganiser son armée et par un armement perfectionné la rendre formidable. Ajoutons à cela, la dette de l'Empire contractée par des guerres insensées qui s'élevait à vingt et un milliards, plus la paye annuelle de l'Empereur et de sa famille, qui se montait à cinquante-deux millions. La République en prenant le pouvoir en a pris la responsabilité. Sa maxime est d'éviter la guerre et ne pas augmenter les impôts qui surchargent trop le peuple. Mais la France est entourée de monarchies armées et sur pied de guerre. Les monarques n'aiment pas la République. Son gouvernement est trop libéral, il émancipe le peuple, les oblige à leur donner des libertés qui affaiblissent leur influence et précipitent leur décadence. Le jour où la France serait inférieure, ils tomberaient sur elle comme des vautours et se la partageraient. Voilà la cause qui l'oblige à maintenir une forte armée permanente qui élève chaque année son budget.

POLITIQUE

La République n'a pas des ennemis seulement au delà de ses frontières, elle en a à l'intérieur ; royalistes et cléricaux lui font une guerre continuelle, sous divers déguisements, feignant de prêcher la morale, employant tous les trucs nécessaires pour tromper le peuple et le rendre de nouveau esclave. Pour eux rien n'est sacré, il n'y a point de conscience, tous les moyens leur sont bons. N'ayant pu réussir en se prononçant contre la démocratie, aujourd'hui ils s'affublent du manteau de républicain, se nomment socialistes, intransigeants, ralliés et le reste

créa de nouveaux partis pour nous diviser. Ils seprésen-
tent dans la société avec des programmes impraticables,
fleuris d'illusions avec l'intention de nous magnétiser,
nous tromper par d'infâmes embûches et arracher ainsi
nos suffrages. Lorsqu'ils auraient acquis la majorité, ils
se saisiraient du pouvoir et nous feraient payer cher nos
plaintes quand nous crierions à la trahison qui, ne serait
que la vérité.

En lisant l'histoire on trouve une infinité de preuves et
on distingue aisément les deux génies qui se disputent le
pouvoir dans le monde : l'autocratie et la démocratie, le
mauvais et le bon génie. Dans le premier, c'est le pouvoir
aristocrate ennemi de tout progrès, qui voue le peuple à
la servitude, à l'humilité aveugle et à la misère éternelle.

RÉGIME UNIVERSEL

Si nous jetons un coup d'œil sur le globe, nous le trouvons encore gouverné en majorité par des monarchies et
diverses religions qui s'emparent des consciences. Mais
si l'on recherche le point le plus avancé en progrès, on
le retrouve en Europe et sa cause est la Révolution française, car son influence fut la Terreur de l'autocratie. Les
souverains comprirent à leur grand regret que pour régner
encore, il fallait donner au peuple des libertés qui diminuent incontestablement leur pouvoir, qui les obligent à
suivre la voie qui doit les perdre à jamais, poursuivis
sans relâche par leur ennemi l'esprit démocrate, l'esprit
nouveau. Bien des siècles crurent l'avoir anéanti. Aujour-
d'hui, tous leurs efforts sont vains, ils ne peuvent que
retarder leur chute, mais impossible de l'arrêter, leur
fin approche de jour en jour, la pente est d'autant plus
rapide que le progrès prend plus d'intensité et de développement. Les religions n'ont plus aujourd'hui que des
sujets conduits par l'habitude et non des fervents ; la foi,
qui fait la force du fanatisme, se perd, la piété est feinte,
tout n'est que simulacre et apparence, entraînée par les
flots de la décadence qui menace de l'engloutir, décadence
que provoque et guide l'esprit du bon sens et de la raison
qui s'appelle républicain, qui veut l'union et la fraternité

entière de tous les peuples et leur bonheur. Que ces rêves insensés finissent et que l'on ne fasse plus qu'un seul peuple au monde ! Nous, Européens, si nous sommes plus avancés, plus humains, plus instruits, moins crédules et moins fanatiques, pour arriver à ces modifications n'avons-nous pas fait des sacrifices immenses ? Le sang n'a-t-il pas coulé à torrents surtout en France, principalement à Paris, capitale du monde, foyer lumineux du progrès point de départ de toute civilisation. N'avons-nous pas jadis été comme eux ? Et quoique la Révolution française ait fait de merveilleuses choses pour l'humanité il ne faut pas croire que la société ait terminé sa tâche.

Les monarques et les religions gouvernent encore en maîtres la majeure partie du monde. Leur influence, comme je l'ai prouvé, est toujours funeste au peuple. Leur puissance, leur régime, leurs lois ne sont que tolérances et équivoques. Il y a des lois qui punissent les assassins, les voleurs, les incendiaires enfin tous ceux qui commettent des méfaits ; les rois n'en n'ont aucune ni les prélats religieux. Ils s'attribuent le droit de faire des guerres, de faire tuer des milliers d'hommes, d'incendier les villes et les villages, d'égorger les enfants et les femmes, de prélever des millions sur le budget du pauvre peuple pour contenter tous leurs caprices. Ils n'ont point de lois qui leur défendent ces crimes abominables. Ils ont une morale composée à leur guise. Ils veulent bien que la génération grandisse, qu'il y ait beaucoup de sujets par kilomètre, mais ils ne s'occupent pas si ces êtres peuvent vivre. Au contraire ils inventent tout pour grandir leurs misères.

L'empereur d'Allemagne a inventé les armées permanentes toujours grandissantes qui ruinent les patries par un budget toujours montant qui surcharge les peuples. Plus que ça encore, ils leurs enlèvent le moyen de gagner leur vie en travaillant. Ils ont encouragé des hommes à faire des inventions qui remplacent une grande partie des mains-d'œuvre d'ouvriers et d'ouvrières par des métiers, des mécaniques et des machines. Que faut-il qu'ils fassent pour entretenir leur existence ? Voler, on est puni, alors il faut mourir de faim. Les rois de pair avec les religions sont le mauvais génie de l'humanité. Ces prêcheurs de morale ne sont que des fourbes, des enchanteurs qui vivent qu'à nos dépens. Ils composent un tas de mensonges tournés à leurs avantages, équivoques et qui choquent le bon sens, et ils osent parler de fraternité !

BOURGEOIS

Avec les lois qui régissent le monde encore de nos jours, chacun domine son ambition personnelle, cherche les moyens d'adoucir sa vie et celle de sa famille par un commerce ou par toutes sortes d'autres industries et devient exploiteur. L'ouvrier engage ses petites économies ou bien l'argent provenant d'une succession de ses parents. S'il réussit, il est devenu bourgeois, mais il revient souvent à son milieu primitif : ouvrier. Ainsi, le bourgeois d'aujourd'hui peut redevenir ouvrier demain. Le bourgeois est un enfant du peuple et nous ne saurions le répudier. Il doit marcher avec nous pour l'exécution de nos grands projets, lui aussi a tout intérêt à l'accomplissement de la question sociale. Son bonheur n'est qu'éphémère, sa bonne fortune peut changer subitement et son existence devenir précaire et même misérable pour lui et sa famille. La richesse du globe est toujours permanente et varie de détenteur à l'infini : entre les mains des bourgeois, qui sortent du prolétariat et y reviennent, c'est un mouvement constant et qui ne s'arrêtera que le jour où la société aura créé un nouveau régime universel. Avec l'organisme actuel, toute société cherche à exploiter et à s'attirer une partie de cette richesse et pour y parvenir, on se sert de moyens souvent indélicats, mais tolérés, pour l'exploitation ; les intrigues et les ruses malignes, tels que mensonge, falsification et le reste ne sont pas réprimés, le commerce et l'industrie se livrent eux-mêmes une guerre continuelle, impitoyable par la concurrence et les petites fortunes qui se hasardent afin de s'agrandir risquent de se perdre au profit des grandes. Cependant chacun cherche à améliorer son existence et celle de sa famille, nul ne saurait critiquer sur ce motif, raisonnablement, puisque cette loi vicieuse et défectueuse pour la société est universelle. Mais c'est à la société à chercher l'auteur de sa misère pour le combattre et l'anéantir ; elle en aura facilement raison, même sans violence, avec un parfait accord, le mettant dans l'impossibilité de régner. Le malheur vient, soyez-en certains, de ces hommes que nous devons maudire qui ont organisé le régime de la vie humaine, se sont ménagés pour eux toutes les faveurs, tous les privilèges, ont fait des lois, dictë une morale arrangée par eux et façonné les êtres àleur guise. C'est aux institutions et non aux hommes qu'il faut en vouloir. Le bourgeois se sert des lois qui l'autorisent à exploiter, car il peut redevenir lui-même misérable à son tour, c'est pour cela que nous ne devons pas le répudier de notre société et lui faire la guerre. Et le peuple étant habitué à cette vie de végétation, de tourments et de troubles, croit qu'il est impossible de vivre autrement.

Pourtant, dans tous les pays éclairés comme en Europe, où la Révolution française l'a émancipé, il cherche le moyen d'être plus heureux; mais conduit par les monarchies et les cultes il est facilement détourné de la bonne voie et divisé. Aussi pour amoindrir leur puissance, pour arriver à notre désir, il faut nous unir et ne jamais nous diviser, ni désarmer pas plus en face des ennemis qui se montrent menaçants au-delà des frontières que pour ceux de l'intérieur qui, souvent sans scrupules et couverts d'hypocrisie, s'affublent du manteau de républicain et nous apportent des programmes composés par eux, se donnant des noms spéciaux de républicains, faisant des discours éloquents fleuris de rhétorique, mais qui sont impraticables et n'ont d'autre but que celui de nous tromper et de nous diviser. C'est à nous, peuples, d'arriver à un degré de perfection et de finesse d'esprit capable de connaître ces hommes déguisés et de ne jamais leur accorder ce qu'ils nous demandent, car pour nous, ces hommes sont des loups déguisés en bergers. Nous n'avons qu'une chose à faire, nous tous travailleurs, ouvriers de n'importe quel état et de quel travail : Nous unir, nous entendre, conférer entre nous sur nos besoins et s'il y a des différends dans nos pensées, dans nos idées, les discuter ensemble. Les républicains doivent être conduits par le bon sens. Tous les citoyens vivent dans un même milieu pour être tous instruits et éclairés des questions qui les intéressent sur la situation politique. Il est certain que celui qui est né dans une cité où chacun exprime sa pensée, ses idées, discute là où il y a facilité de s'instruire. Cet homme est plus avancé que le laboureur qui reste la journée dans son champ à travailler, ensemencer enfin, cultiver la terre et qui ne paraît que le soir au logis pour repartir le matin à la première heure et n'a que le dimanche de repos. Ce jour-là pourrait être utilisé pour le mettre au courant des questions importantes de l'état de choses qui l'intéressent à un haut degré. Il est soumis à des offices religieux et n'entend que la voie fanatique de son prêtre ou de son pasteur, ennemi du progrès et dictateur des consciences. Ces hommes, il faut les amener à nous, leur faire comprendre la voie que nous devons suivre et ne pas nous engager sans eux, faudrait-il même les attendre, car il n'est pas possible de faire une République pour les citadins et une autre pour les travailleurs des champs. C'est pour cela qu'il faut être prudent, ne pas blesser les consciences, la sensibilité, ni l'amour-propre d'aucun sujet. C'est avec le raisonnement que nous devons les convaincre de leur véritable intérêt qui est le nôtre et qui doit améliorer l'existence de tous.

SURCROIT DE LA MISERE

Le mauvais génie que je signale du régime ancien et moderne, monarchique et fanatique, prouve par ses actes à chaque siècle qu'il est digne de la qualification, à lui bien attribuée, qu'il est bien l'initiateur, l'inventeur et propagateur de la misère et en plein XIX⁰ siècle, après de terribles guerres, il a été établi une paix armée qui oblige chaque Etat à des budgets successifs fabuleux qui ruine les nations faisant la guerre au capital. Jugeant probablement que ça ne suffirait pas, il a trouvé un nouveau moyen de compléter la misère du prolétariat, il a encouragé les inventeurs à trouver des machines, qui remplacent le travail de l'ouvrier par celui appelé travail à la machine, (ce qui a lieu, mais n'est encore qu'au début) sans s'occuper de ce que deviendra le peuple n'ayant plus de moyens d'existence, pensant sans doute que lorsqu'il viendrait se plaindre, il lui montrerait ses sabres et ses canons et gouvernerait comme jadis par la terreur et l'humilité maladive que provoque la misère. Mais il est trop tard, les époques sont passées où l'on jouait ainsi, il n'est plus possible d'arrêter le progrès, de faire rétrograder le courant établi qui se propage partout, il a dépassé et de beaucoup les sciences anciennes et modernes et toutes les civilisations des temps écoulés, il cherche une voie nouvelle ; un esprit nouveau se développe, il va connaître l'auteur et la cause de ses malheurs dont il anéantira à jamais le pouvoir.

Et alors, une nouvelle ère commencera, de paix et de fraternité.

MACHINES ET LEURS EFFETS

Les gouvernements monarchiques de notre époque, ont dû considérer que le peuple n'étant pas encore assez misérable ont trouvé le moyen d'aggraver sa situation en entravant son existence (son travail quotidien). Ils ont encouragé des hommes de talent à chercher, inventer et confectionner des machines qui remplacent le produit de main-d'œuvre par un produit mécanique, se souciant fort peu de ce que deviendra le peuple sans ressources. Après lui avoir enlevé son dernier espoir dans le commerce ou l'industrie, car il n'est plus possible aujourd'hui à un ouvrier, par ses économies ou par les honoraires de la succession de ses parents, de parvenir à changer sa position sociale, c'est-à-dire de prolétaire devenir bourgeois, à part quelques exceptions qui deviennent de plus en plus rares. Et la cause est due aux grands frais qu'entraînent la construction de ses grandes usines et fabriques, avec leur outillage qui consiste en un mécanisme complet dont le produit revient jusqu'à 70 p. 0/0, meilleur marché que d'occuper des équipes d'ouvriers et d'ouvrières. Ainsi la concurrence est établie, et le gros capitaliste attire à lui tout le numéraire. Le petit bourgeois ruiné redevient ouvrier n'ayant nulle autre ressource.

Mais, rentrant dans ce grand milieu de la société, il n'entend que plaintes et lamentations. Le travail manque et un grand nombre se privent du nécessaire, végètent, peu à peu s'alanguissent et meurent souvent bien jeunes. Leur situation s'aggrave de jour en jour, les patrons diminuent les heures de travail qui doivent constituer la journée et ces heures ne sont pas payées en proportion ; le bourgeois a plutôt des tendances à en diminuer le prix qu'à l'augmenter. Voyant pareille abondance de bras, plusieurs en exploitent les conséquences.

D'autres travaillent six à sept mois de l'année régulière-
ment, ensuite vient le chômage. Ils n'ont pu se prémunir,
car ils leur fallait pour vivre et s'entretenir modeste-
ment, leur gain de chaque jour. La misère arrive, ces
pauvres familles ont recours au crédit pour s'alimenter,
mais le boulanger, l'épicier, etc., s'intéressent à connaître
leurs ressources et ne veulent plus leur livrer qu'au
comptant. Le propriétaire lui aussi réclame sa location.
Cependant ces gens sont honnêtes, et ont un juste orgueil
de leur personne préférant souffrir plutôt que tendre la
main. Ces cas sont malheureusement trop nombreux,
peut-être incalculables et se présentent le plus souvent
dans la triste saison d'hiver. Il en résulte des drames
navrants, hélas! ces drames de la misère dont nous
n'essayerons pas de peindre le triste tableau! Si l'on
pouvait préciser la fin de cette malheureuse époque. Mais
non, elle est indéfinie si rien ne vient la transformer. Les
patrons visent leur intérêt personnel avant l'intérêt
général, les lois les y autorisent. Ils cherchent constamment à inventer de nouvelles machines ou à en perfec-
tionner, afin de réduire la main-d'œuvre plus coûteuse
que le travail mécanique. Ils se mettent en rapport avec
les mécaniciens et en raisonnent les conséquences. Alors,
de nouvelles machines se confectionnent, un nombre
d'ouvriers est supprimé. Et pourtant le prolétariat augmente son effectif.

Cependant, les ressources de la vie diminuent rapidement, car le travail devient de plus en plus rare. On
peut s'en expliquer la cause en songeant au nombre de
petits bourgeois ruinés qui s'y constituent comme des
prisonniers vaincus par le capital. Les malheureux se
multiplient, tandis que les heureux se réduisent, qu'eux
seuls sont comblés de privilèges et nous gouvernent,
gros capitalistes qui ont acquis d'immenses fortunes
en exploitant leurs semblables, abusant des lois de
tolérance pour tromper par le mensonge et la
falsification la bonne foi du public, les dépouillant et
emplissant leurs coffres-forts, vivant dans une extrême
opulence et semant ce riche métal à pleines mains, souvent
pour contenter leurs passions pendant que le peuple souffre de besoins, s'alanguit et meurt.

En présence de l'excès de vie pour les uns et de la misère
pour le plus grand nombre de la société, on se demande
ce que deviendrait l'humanité et ce qu'elle serait dans un

siècle ou dexx si cette époque des machines qui n'est qu'à son début allait toujours progressant. En prenant pour exemple les faits qui s'accomplissent actuellement, il est bien compréhensible que le peuple n'ayant plus de travail la plus grande partie des habitants n'auraient plus le moyen de vivre et que de générations en générations la terre se dépeuplerait et la décadence irait d'un pas accéléré.

On arriverait à ne savoir ni lire, ni écrire. On ne connaîtrait plus d'histoire. On ne saurait rien de ce qui a précédé. On aurait peine à se comprendre par divers jargons. Le sol serait couvert de ruines et resterait inculte. Tous le progrès d'une époque antérieure serait oublié et perdu; il n'y aurait rien qui indique une civilisation déchue, l'ignorance serait complète. Alors le fanatisme religieux aurait repris sa grande influence et conduirait le peuple comme il l'a fait jadis aux croyances idiotes et insensées. Les rois et la noblesse auraient ressaisi leurs privilèges et une ère d'esclavage commencerait.

Voilà le résultat des machines.

MOUV MENT POPULAIRE

Du plus grand nombre des habitants de la terre, le 80 0/0 ne fut jadis qu'un troupeau d'esclaves dont le nom changea à de certaines époques, et de serfs devinrent manants. La Révolution française les affranchit et les fit tous citoyens. Leurs chefs d'état, rois ou empereurs, sont leurs despotes, car ils les influencent, les gouvernent et vivent à leurs dépens, mais sont intéressés à les tenir misérables pour les conserver humbles, serviles et crédules, car le jour où les peuples se seront compris et unis, ils seront maître de leurs destinées, et le règne monarchique sera à jamais terminé. La terre ne sera qu'une patrie, il n'y aura qu'un peuple et qu'une société, l'intérêt sera égal à tous par égal mérite, sans privilège. L'exploitation aura été remplacée par un système naturel et humain qui assurera l'existence de chacun, mais la société actuelle en face du malheur qui grandit, se soulève et cherche une voie de salut, elle se meut d'un sentiment unanime, elle est pour combattre la misère qui menace de l'envahir et en faire sa

proie. Tous les cerveaux travaillent et cherchent un parti
à prendre. Ce qui est regrettable, c'est que parfois on ne
se trouve pas tous d'accord sur un même point de vue et
l'on se divise, car nos intérêts sont tous les même et notre
union fait notre force. Ces variations d'idées, de principes,
retardent l'effet qui est à un état latent, mais qui ne man-
quera pas de se produire un jour ; ceux qui s'engagent
dans une fausse voie, conduits par leurs ennemis déguisés,
se raviseront, ils viendront s'unir au drapeau du socialisme fraternel qui les attend, pour marcher unis, animés
d'un intérêt commun, que réclame l'humanité. Le prolétariat de tous les partis est en mouvement, a des tendances de plus en plus marquées à se rapprocher, et le
jour qu'il aura reconnu le motif qui le divise, il aura
franchi son plus grand obstacle, il s'unira pour changer
les lois et le régime arbitraire qui influence encore le
monde.

Il y a près de deux mille ans, que cet homme de grande
vertu et de haut talent, Jésus de Nazareth, prêchait au
peuple la fraternité, lui enseignant la vraie morale, l'en-
gageant à la suivre sans déviation, montrant les souverains ainsi que le sceptre du fanatisme religieux comme le
véritable ennemi de l'humanité à laquelle son influence,
serait toujours funeste, qu'il fallait absolument détruire
pour se débarrasser des tyrans. Et pour réussir, il exhortait
tous les peuples à s'unir, n'en faire qu'un pour être heureux et la voix éloquente de ce grand homme de bien
effraya les dictateurs même, les Romains conquérants de
la terre qui l'accusèrent de « grand révolutionnaire », le
condamnèrent à mort, à être exposé, crucifié sur une croix.
Après leur criminelle vengeance ils défendirent, sous
des peines sévères, toute colportation et propagation de
sa doctrine et au bout d'un demi-siècle le nom de Jésus
semblait être oublié, lorsque le fanatisme le rappela et
s'en servit pour son exploitation, créa des mystères ; fit des
miracles et tout ce qu'il prêcha à son nom ne fut qu'un
tissu de mensonges et le contraire de ce qu'il avait enseigné par sa doctrine et ses principes.

Cependant ces faux disciples l'appelèrent dieu et se
dirent être ses représentants. Après tant d'abus, d'infamies
et de crimes commis au nom de ce grand et honnête
homme, le progrès s'arrêta, les générations se succédèrent
ainsi que les siècles et le mauvais génie régnait toujours,
quand une époque féconde à l'idéal se leva, le peuple,

conscient de sa situation, réclama des libertés qui lui furent refusées, on le menaça de châtiment pour se venger de son audace, la Révolution éclata, et des torrents de sang arrosèrent le sol, les rois furent écrasés et la Révolution française s'accomplit. Depuis de grand progrès se sont réalisés et d'autres sont en perspective ; le peuple de nos jours est animé d'une idée nouvelle, il n'est pas comme jadis, ambitieux des conquêtes, il est convaincu que les guerres n'ont été créées par son ennemi que pour entretenir sa misère permanente et il devient anti-monarchique, excité par les derniers actes commis à son préjudice, qui tendent à réduire la société, lui enlevant ses moyens d'existence.

SUFFRAGE UNIVERSEL

A l'approche des élections législatives, toujours les idées politiques s'élèvent graduellement et pendant la période électorale qui est de vingt jours, la guerre des partis est à son comble. Tous les discours qui se débitent semblent n'être inspirés que pour notre bonheur. Cependant dans ces solliciteurs, il y a deux catégories d'hommes bien différents: les uns n'obéissent qu'à la voix de leur conscience qui leur indique de faire le bonheur de la société ; les autres, monarchistes et cléricaux, se présentent à nous, déguisés en républicains, viennent aussi débiter leurs discours, écrire des journaux et des livres et nous faire leurs professions de foi, mais ces derniers ont souvent l'esprit hypocrite, ils calomnient le gouvernement de qui ils sollicitent de devenir représentant, diffament ses fidèles serviteurs afin de nous en dégoûter.

Ils viennent à nous courtoisement avec des paroles douces, mielleuses, nous demander notre bulletin, nous illusionner et nous charmer parfois par leur programme éblouissant, merveilleux en théorie, mais impraticable. Eh bien ! ces beaux parleurs, ces écrivains distingués, ces spécialistes qui nous promettent ces belles choses en cherchant à nous diviser, pensent le contraire de ce qu'ils nous disent, ne veulent rien nous donner de ce qu'ils nous promettent ; encore pis, ils veulent nous retirer nos libertés qui ne soñt que des entraves à leur ambition de pouvoir absolu.

Cette classe aristocratique au début de notre troisième République, prit le nom de conservateurs, mais quand les écoles laïques eurent fait des citoyens éclairés, capables, ils jugèrent que l'équivoque était connue, avait fait son temps et depuis, ont résolu de s'appeler républicains, depuis le pape, jusqu'au vicaire, et avec leur nouvelle combinaison ils ont la prétention de se glisser dans tous les partis démocrates et d'y entretenir la division, y semant le désordre afin de fatiguer les électeurs pour venir en majorité au Parlement. Là est leur but et leur dessein : ces gens nous promettent une république sage, eux, les provocateurs de scandales, calomniateurs infatiguables qui se mêlent parmi les honnêtes gens, y sèment la contagion chacun peut s'en convaincre en lisant les séances de la Chambre législative, et ces disciples du trône et de l'autel ne se servent de la morale que comme un outil complaisant pour nous tromper ; si leurs fautes sont découvertes, ils essaient de les faire peser sur des innocents par l'intrigue et le mensonge, même pour la corruption, nous en avons eu un exemple. Il y a quelques années, les ennemis de la République avaient machiné contre elle, un acte des plus criminels, il consistait à soutirer à eux l'argent de tous ses citoyens, la ruiner et pour réussir avaient conçu un grand projet mais des plus machiavéliques, il s'agissait de creuser un canal assez vaste en Amérique entre l'espace de terre qui sépare Colon de Panama qui est de quatre-vingt kilomètres pour que les bâtiments passent librement réunissant ainsi les deux océans, ayant en tête l'ingénieur bonapartiste de Lesseps qui vint faire part de ses projets au gouvernement pour lui demander d'abord l'autorisation et ensuite sa participation à leur réussite par son concours, mais il ne voulut pas s'engager néanmoins leur première émission d'obligations à lots eut plein succès et les intrigants du Panama se trouvèrent possesseurs de plusieurs centaines de mille francs.

Ils en destinèrent une partie pour leur réclame, avisèrent tous les directeurs des journaux leur demandant une colonne dans leur feuille qui devait colporter leur conception, faisant le panégyrique de Panama, lui attribuant une source de fortune incalculable, ce qui avait pour cause d'influencer et d'exciter l'intérêt général, principalement de la petite épargne du prolétaire, ils réussirent à s'en attirer des milliards et devinrent alors puissamment riches. Mais cela ne suffisait pas à contenter leurs chimériques ambitions, qu'animaient la haine ; ils avaient fait tous leurs efforts pour tomber la République sans pouvoir réussir, mais pour y parvenir il fallait qu'à chaque émission ils eussent la majorité dans le vote de la Chambre, ce qui n'est pas toujours certain et pour cela ils eurent recours à la corruption.

Voici comment ils pratiquaient : les intéressés se glissaient dans tous les groupes du parti républicain, s'inspiraient de leur état social, du caractère et de l'ambition de chaque sujet, à qui ils faisaient le panégyrique de leur entreprise, mais si le corrupteur s'apercevait que celui dont il avait besoin du vote lui était hostile, il subventionnait avec lui son bulletin et payait des centaines de mille francs, pour cacher l'esprit qui l'animait et pour chasser les soupçons de celui avec qui il était en cause, ils s'exprimaient ainsi, feignant l'honnêteté : « Nos travaux sont en bonne voie, mais il suffirait d'un échec pour tout perdre et ruiner des pauvres travailleurs qui nous ont confiés leurs épargnes ». C'est avec un tel raisonnement qu'ils corrompirent jusqu'à des ministres républicains, mais malgré leur stratagème vil, bas, ces misérables furent découverts et leur infâme projet croula, démasqué au mépris du public dont ils avaient grapillés les milliards ; n'ayant pu réussir hantés par la haine, ils essayèrent d'en faire une arme contre la République et en pleine assemblée législative, un des leurs, député, déclara y avoir cent-quatre corrompus à la Chambre, sans donner les noms, qui soi-disant devaient se trouver dans le carnet d'Arton, agent corrupteur ; le soupçon planait au-dessus de toutes les têtes ; le désordre régnait. On fit alors une enquête qui rassura les honnêtes gens, sans toutefois découvrir le mystère qu'ils tenaient soigneusement caché : ces misérables sont les conservateurs d'autrefois qui aujourd'hui se qualifient de républicains.

Ainsi mes amis, nous qui sommes ambitieux de la paix, instruisons-nous, élevons-nous au point de ne plus nous laisser tromper, de connaître nos ennemis et alors nous n'enverrons pour nous représenter que des fidèles et des dévoués citoyens, la République sera désinfectée des sujets qui la corrompent, elle sera grande et forte.

ERREUR

En face de l'avenir menaçant, le peuple s'est soulevé, comme un essaim d'abeilles, animé d'un sentiment unanime contre la misère occasionnée par le système mécanique. Mais au lieu de se tenir étroitement uni, il se divise, c'est-à-dire que parmi le parti ouvrier ses ennemis déguisés se glissent dans son milieu apportant des programmes contradictoires, invoquant diverses théories révolutionnaires et impraticables, violentes et absurdes, semant la discorde et la division. Ces hommes sont des traîtres, à part ceux qu'il faut pardonner, puisqu'ils se trompent. A nous de les dépersuader et les ramener. Ces intriguants, avec leurs paroles flatteuses, hypocrites et menteuses, nous promettent bien des choses et se présentent à nous comme les défenseurs de nos intérêts, en sollicitant nos suffrages et lorsque nous les avons élus, agissent autrement qu'ils nous ont promis, jettent le trouble et le dissentiment au parlement. Les exemples ne sont pas rares ; ils se donnent divers noms, s'appellent même socialistes, collectivistes et le reste. Nous sommes d'accord sur de certaines questions, même dans le fond mais non dans la manière d'y parvenir, car ce sont des rêves irréalisables dont la propagande est dangereuse. Pour nous en donner une idée, supposons que la Révolution du collectivisme s'accomplisse. Eh ! bien lorsque l'on aurait arraché et dépossédé les bourgeois des capitaux qu'ils possèdent, quel progrès aurait-on réalisé ? Hélas ! il est facile de s'en rendre compte. Un massacre immense aurait eu lieu, car chacun aurait voulu défendre son bien et sa propriété et le capital n'aurait fait que changer de main. Les possesseurs seraient ceux qui nous auraient excité au combat en nous promettant de belles choses. Ils nous gouverneraient alors et leur raisonnement aurait bien changé. Nous, pauvres misérables, en serions pour nos frais, si nous voulions pousser une plainte, on nous châtierait et ces hommes qui veulent abolir les privilèges s'en créeraient pour eux et ces malheureux ouvriers, après avoir sacrifié leur courage et leur sang, auraient une bien triste déception, ayant enrichi les uns aux dépens des autres, mais n'ayant plus rien pour eux. Ils resteraient toujours pauvres. Ainsi laissons la fortune à qui la possède, ne faisons la guerre ni au capital ni au capitaliste. Ce n'est pas les bourgeois qui sont la cause de nos misères. Ils ne se servent que des lois qui existent, mais c'est bien ceux qui ont créé ces lois. Eh ! bien pourtant il y a un moyen infaillible pour faire notre bonheur. C'est de tous fraterniser.

SYNDICAT OUVRIER

Le travail devenait rare et les bras abondaient. Les patrons en profitaient pour diminuer le salaire. Alors les ouvriers se préoccupèrent de sauvegarder leurs intérêts et les corporations les mieux salariés furent les plus actives ; elles se constituèrent en syndicat afin de s'unir et s'entendre sur les divers projets en étude et délibérèrent qu'aucun ne se ferait apprenti si le père du jeune homme n'était pas de l'état, de plus qu'aucun ouvrier syndiqué ne devait travailler au-dessous du tarif et que tout patron non raisonnable serait mis à l'index. La situation s'aggravait toujours et un nombre considérable de corporations suivirent l'exemple, non-seulement en France mais dans tous les pays étrangers.

QUESTION IMPORTANTE

Les chambres syndicales sont, à notre époque, d'une utilité indispensable à nos intérêts généraux, souvent en péril par le produit du travail mécanique qui s'étend et se perfectionne chaque jour. Pour conserver nos tarifs, soit aux pièces, soit à la journée, ces questions ne sont pas banales et en tête de chaque corporation syndiquée, il est nécessaire de faire un choix d'hommes intelligents pour composer la commission et les bureaux; capables de juger les différends qui s'élèvent entre patrons et ouvriers avec intégrité, n'écoutant que la justice et condamnant toute exagération de part et d'autre ayant de certaines connaissances internationales sur les charges des divers pays. Il est certain que la vie est plus chère dans un pays que dans un autre et que le salaire ne doit pas être égal. Mais gardons-nous de nous laisser entraîner à l'exagération car ce serait nous induire dans une grave erreur, nous ruiner au profit d'un autre pays, d'une autre nation, lui livrant les moyens de nous faire la concurrence. Il y a également des questions internationales comme celles de la réduction des heures constituant le travail d'une journée sans diminution de tarifs et le reste. Ces questions importantes ne peuvent être résolues que dans une entente européenne.

En Allemagne, par exemple, la main-d'œuvre est payée bien moins chère qu'en France, pourtant les ouvriers, ont autant de ressources que nous, la vie étant généralement un tiers moins chère ; mais le jour où la différence dépassera les mesures, l'équilibre sera rompu, ce peuple attirerait à lui notre commerce et notre industrie ; et nous Français, serions les dupes de ses passions mal réfléchies qui feraient infailliblement notre ruine.

Tenons-nous en garde contre notre ennemi commun : cléricaux et monarchistes, qui se glissent dans notre société pour y mettre la discorde, semer la division dans notre parti ouvrier et exciter des grèves mal à propos.

« Les faits passés doivent nous servir d'exemple. »

Rappelons-nous sans cesse nos devoirs, n'écoutant que la raison et le légitime droit sans provocation de notre part.

Nos ennemis inventent de faux arguments pour détourner la jeunesse de se syndiquer, lui insinuant que le syndicat entrave la liberté du travail et que le jeune homme ne peut pas apprendre l'état qu'il désire. La vérité est le contraire de ces allégations : le syndicat conserve la liberté du travail et ses tarifs. S'il a résolu que l'enfant n'apprendrait que l'état de son père, ce n'est absolument que pour sauvegarder l'avantage de chaque corporation ; car des patrons profitent souvent d'une abondance d'ouvriers pour diminuer les salaires. Leurs réclamations ne sont pas exagérées et la diminution des heures qui constituent la journée est très logique, tandis que le travail manuel diminue chaque jour, que la population augmente au contraire et que naturellement chacun doit vivre. Cependant il ne faut pas amplifier cette question, des plus importantes, qui ne peut avoir de bons résultats que dans une entente internationale.

La France, le pays le plus avancé du monde, où l'on jouit de grandes libertés, est celui qui renferme le plus d'ennemis qui excitent son peuple contre son gouvernement, se servant de tous les moyens et de toutes les embûches et se mettant à la tête des ouvriers pour les encourager à des grèves. Si ces meneurs réussissaient dans leurs desseins et que ces ouvriers de la République réclament ce qui ne doit être conclu que dans une entente internationale, les ouvriers creuseraient sans le vouloir un abîme à leur patrie, la livrant à la concurrence étrangère, et se livrant eux-mêmes aux mains de leurs ennemis, ce qui serait un grand malheur pour l'humanité; car la France républicaine, le flambeau de tous les progrès, l'émancipatrice de tous les peuples se trouverait ruinée ; les puissances étrangères produiraient à meilleur marché qu'elle, auraient fait la guerre à son commerce et l'auraient vaincu. Ces effets seraient désastreux, le malheur serait non-seulement pour notre nation, mais pour le monde entier.

Le progrès dégénérerait et irait à sa décadence. Dans ce cas, mes amis, nous devons nous entendre et ne faire qu'un, nos intérêts étant les mêmes. Il n'y a pas de frontières pour les syndicats.

SOCIALISME

Ce mot est le mot qui passionne tous les peuples de notre époque et qui malheureusement n'est pas compris de tous; pour être socialiste, il faut être républicain et pour être républicain il faut être honnête, humain et aimer la fraternité. Mais sous ce nom, se cachent des êtres hypocrites, se dissimulant par divers partis de républicains, créés dans le but de nous diviser et de nous faire leur proie. Il n'y a pas plusieurs systèmes pour faire un honnête homme un républicain, car il n'y a qu'un seul drapeau, qu'une vérité, qu'une logique et qu'un seul programme républicain au monde.

Le socialisme n'est pas certes une assemblée d'hommes

privilégiés, comme une société qui se distingue d'une autre. Par exemple : une communauté de bienfaisance exploitée par le clergé, n'a pas le droit de se servir du mot de « socialiste », car ce mot n'appartient qu'à l'entière fraternité des peuples et pour arriver à ce but il faut que chacun comprenne ses droits, n'ait qu'un parti et qu'une volonté, ne voyant dans le monde prolétaire aucun ennemi, car il n'y a pas de bon sens de croire qu'un peuple qui naît dans tel ou tel pays, vaille mieux qu'un autre, étant sur la même planète, enfants du même Dieu.

Si la terre est divisée en frontières séparant les diverses nations dans le monde, et si on les fait battre les unes contre les autres, c'est la faute aux despotes qui veulent vivre aux dépens du peuple et créent tout ce qui peut le rendre ignorant et esclave. Ils substituent le surnaturel au naturel, ils composent des doctrines fabuleuses qui détruisent le bon sens et le raisonnement logique. Mais nous socialistes, nous combattrons et nous vaincrons l'esprit maudit qui est l'auteur de nos misères. Nous y arriverons, non par la guerre, mais par la raison, en nous rapprochant par un nœud fraternel ; celui qui est plus instruit doit faire connaître à son confrère la marche qui doit le guider vers un nouvel horizon qui sera pour lui une ère de paix, c'est-à-dire ne faire qu'un peuple, n'avoir qu'une morale et qu'une loi, abolissant de l'esprit ce qui est inné des anciennes traditions, cause de nos troubles intellectuels et de toutes nos misères, nous obligeant à démolir ce qui avait été créé la veille et nous avait coûté bien cher. Bâtir un jour et démolir le lendemain, ce qui augmente chaque jour le budget, que nous payons journellement. Les armées nous ruinent, coûtent bien cher et ne sont que pour la gloire des souverains qui ne s'en servent qu'à détruire l'espèce humaine et agrandir sa misère.

Mais, je le répète, il n'y a qu'un républicain et un socialiste au monde, c'est celui qui est aime la vérité et hait les privilèges. Tous ceux qui croient le contraire sont dans une erreur profonde.

Nous sommes à la fin du dix-neuvième siècle, siècle préparatoire à la grande révolution sociale, qui doit changer la situation de la société, créée par notre ennemi, qui nous avait magnétisé par ses discours pompeux et nous avait trompé bien souvent.

Apprenons à le connaître et ne nous laissons plus

influencer, car un jour le peuple sera le maître, les guerres civiles d'autrefois n'auront pas lieu, il n'y aura plus de massacres et le despote aura perdu son influence. Après ce grand jour le peuple sera souverain, nous serons tous unis, aurons tous le même intérêt et serons tous frères. En jetant un regard sur les temps écoulés : ces géants qui firent tant de conquêtes, qui firent trembler le monde, « ces héros » que l'histoire signale, n'ont fait que notre malheur.

Le pays conquis n'est-il pas toujours le même et le sol est-il plus fécond, gouverné par un homme plutôt que par un autre, les incendies allumés dans les villes et villages, les récoltes anéanties, les hommes tués ou massacrés, n'est-ce pas de la barbarie à l'époque où nous sommes? Le sol n'est-il pas créé pour tout le monde et chacun ne doit-il pas avoir sa part de son produit, mais pour résoudre cette question, il faut nécessairement changer le système qui régit la société : qu'il n'y ait plus de monarchies dans le monde et qu'il n'existe qu'une République universelle.

LOGIQUE

D'après les lois naturelles chacun n'a ni les mêmes moyens ni les mêmes facilités de s'instruire; cependant, demandez à n'importe quel homme sensé, serait-il très en retard, n'aurait-il aucune connaissance, aucune instruction, viendrait-il de l'Afrique centrale ou de l'Australie, de ces peuplades qu'on appelle sauvages s'il ne désire pas être plus heureux ? Il est certain qu'il vous répondra oui, mais ne saura raisonner la cause de ses misères. Ces sauvages ont besoin qu'un peuple plus avancé les éclaire et les civilise, car ceux qui détiennent le pouvoir sont ambitieux de leur ignorance et il est triste, pour nous Français, qui allons pour les civiliser, d'être obligés d'agir de violence pour pénétrer dans leur pays. Leur gouvernement ainsi, que leur fanatisme les excitent contre nous et les rendent barbares et cruels. Pourtant il ne faut pas nous décourager et porter le progrès dans tous les pays du globe qui doivent préparer les peuples aux grands événements qui vont s'accomplir. Une question dans la vie s'impose, c'est qu'il ne doit pas exister de malheureux sur la terre. Ce mot paraît une utopie, un rêve, cependant c'est la réalité, tout est ainsi dans la nature, et ces actes doivent s'accomplir sous l'influence de la République. Soyons tous convaincus qu'ils ne peuvent se réaliser sous aucun autre gouvernement.

ANARCHIE

Ceux qui embrassent ces théories s'éloignent de la morale, de la raison de l'humanité et deviennent les ennemis de la société invoquant des moyens pour la détruire ; leur raisonnement n'est pas approfondi, ils parlent d'humanité et leurs actes sont criminels. Leur régime est la décadence de tout principe, l'anéantissement du progrès. Avec leur système de vie, il n'y a ni gouvernement, ni direction, ni maître ; plus de lois, plus d'encouragement au travail physique et moral. Et voici en deux mots leur règne : Le partage de tous les biens de la terre et par tête ; aucun travail ne serait plus avantagé qu'un autre, les hommes seraient classés et considérés de la même valeur, cependant la nature elle-même ne nous a pas créés tous égaux, les hommes ne sont pas doués du même génie ni du même talent, dans ce cas, ils n'ont donc pas tous la même valeur. Avec les théories anarchistes, il y aurait découragement, l'homme vaillant, courageux, n'aurait pas plus d'avantages que le paresseux ; celui qui met bien des années à faire des études, soit dans la science, soit les arts, ne voudrait plus se creuser la tête pour apprendre, n'ayant pas plus d'avantages que ceux qui n'apprennent rien, et au bout de plusieurs générations, on oublierait complètement l'usage de la langue française ainsi que de toutes les sciences ; on finirait même par ne plus trouver de maître pour enseigner et dans trois ou quatre siècles on serait arrivé à l'âge le plus primitif, on ne saurait rien du passé, on verrait partout des ruines, les champs seraient incultes, la génération aurait diminué, hantée par la misère ; il n'y aurait plus de morale, plus de frein dans les passions, on chercherait dans les bois et les plaines pour entretenir son existence, que souvent le plus fort arracherait des mains du plus faible.

Les anarchistes pleins de haine et de vengeance contre les pouvoirs les plus libéraux et la bourgeoisie dont ils ont juré la perte, n'admettent dans leurs théories aucun commerçant, leur faisant la guerre sans raison ; nous les voyons entreprendre des actes de vandalisme dans le pays le plus civilisé du monde (en France), à Paris, confectionner des bombes et les lancer dans les milieux les plus populeux et faire d'innocentes victimes, se dérober après le crime afin d'échapper à la société qui les poursuit. Ces hommes deviennent insensés, ils exécutent leur abominable forfait au nom de l'humanité.

Un misérable italien venait à Lyon, armé d'un poignard, se frayait un passage dans la foule, arrivait en face du landau du Président de la République, s'élançait comme une bête féroce, tirait son poignard dissimulé dans sa manche et le frappait mortellement. Malgré tous les soins que les célébrités de Lyon lui prodiguèrent, le président ne put survivre à son horrible blessure. Son crime accompli le lâche prit la fuite, cherchant à se dérober à la société. Etant arrêté, on lui demanda les motifs qui l'avaient conduit à accomplir son crime ; l'infâme répondit « qu'il avait fait un acte d'humanité », mais la société ne lui pardonna pas et fit son œuvre de justice en le supprimant.

RÉVOLUTION SOCIALE

Ce mot effraie bien des gens, peut-être avec raison, car il s'est passé bien des faits douloureux sous ce nom ; de même que chacune des planètes qui peuplent l'univers, retenues dans l'espace par une puissance attractive, évolue dans le milieu qui lui est réservé, notre planète « la Terre » exécute deux mouvements autour du soleil, le premier la rotation de l'Est à l'Ouest et le deuxième du Nord au Sud, qui désignent les saisons ; c'est ainsi qu'elle fait sa révolution, et l'esprit de l'homme doit la faire aussi.

La nature a tout créé libre, tous ont le même droit à l'existence, il n'y a pas de frontières selon sa loi, les hommes sont frères et doivent rester unis et animés de ces suprêmes sentiments, être éternellement heureux. Il est l'être supérieur de la création, au-dessus de tous les autres, nul ne saurait lui faire la guerre, et cependant il est le plus misérable. A une époque qui nous est inconnue, un mauvais génie s'est créé dans notre espèce, esprit ambitieux et dominateur qui voulut vivre aux dépens de la masse et créa le régime qui gouverna et gouverne encore le peuple, lui inspira des lois composées par lui, appelées le surnaturel, détruisit dans l'esprit de l'homme le bel idéal de la nature, se fit attribuer des privilèges, inventant la guerre et les religions ; alors la misère devint permanente et son œuvre fut accomplie. Mais aujourd'hui une idée nouvelle germe dans la société, idée de fraternité, les peuples qui tendent à se rapprocher, le mot d'ennemis et de guerre paraît de plus en plus ridicule, attendu que l'intérêt d'un peuple est le même que celui d'un autre et qu'ils n'ont aucun motif de se battre puisqu'il n'en résulte que leur malheur. Si l'on en recherche le sujet on le trouve dans le fanatisme du gouvernement dictateur. Pour en avoir raison, il n'y a qu'un moyen fort simple, c'est de ne plus leur attribuer le pouvoir et ne faire qu'une seule République au monde en nous réunissant sous la bannière du socialisme fraternel, alors nous aurons accompli la Révolution sociale.

APRÈS LA RÉVOLUTION SOCIALE

Il est certain que les éléments de la nature ne seront pas changés, que ces phénomènes se produiront toujours de même et que chacun de passage dans la vie, empruntera à la terre les matériaux nécessaires à son existence et les lui rendra, ayant fini sa carrière. Mais dans le cours de son existence, la société n'aura plus ce noir cauchemar de la misère. Elle-même aura trouvé par sa sagesse et sa prévoyance la clef de son éternel bonheur. Le régime qui régit les peuples sera changé ; une République seule et unique détiendra nos pouvoirs et nos intérêts enchaînés mutuellement. Elle procurera à tous une paix éternelle, une existence invariable sans souci du lendemain, encou-

ragera la science et les arts, supprimera les frontières ;
la terre entière ne sera qu'une patrie. Les peuples unis
seront tous frères, parleront le même langage, ne se
feront plus la guerre, il n'y aura plus d'armées. On ne
s'exploitera plus, le sol appartiendra à chacun, n'aura
plus de maîtres, ne se vendra plus. Le gouvernement du
peuple, la République, en aura seul la manipulation ; il
n'y aura plus de bourgeois, ni de privilégiés ; on suivra
les lois de la nature, tous les êtres seront égaux. Voici
comment sera régi le monde :

Il n'y aura qu'une société ayant les mêmes intérêts, les
mêmes lois, la même morale. Par un vote universel, le
peuple nommera les citoyens les plus capables pour l'administrer. Le gouvernement détiendra le sol, les villes
et les villages, chacun aura droit aux mêmes avantages
que la société aura fixés elle-même, par un travail obligatoire.

Chaque sujet, des deux sexes, depuis un âge qu'on aura
désigné, sera tenu à ce travail jusqu'à une limite d'âge
fixée, appelé âge de retraite. Ce travail qui occupera peu
de temps de notre existence donnera une grande abondance sur la terre et tous auront droit à une alimentation
confortable ainsi qu'à leur entretien, logement, vêtements et mobilier, mais sans luxe. Ce travail sera régle-
menté par le suffrage universel, augmenté et diminué selon les besoins, mais il ne dépassera pas deux heures de
travail sur vingt-quatre. Ce travail ne sera payé qu'en nature, mais il y aura un autre travail appelé travail facultatif, qui s'accomplira pendant les heures de repos, du
travail obligatoire, payé en espèces, qui procurera à tout
sujet laborieux le moyen d'améliorer son existence, d'avoir
de grands et beaux appartements, richement meublés et
se distinguer par la toilette; et les moyens pour payer ces
hommes d'élite seront pris dans la caisse publique, budget
que le peuple aura créé à cet effet pour encourager tous
les travailleurs aussi bien que les arts et les sciences.

Toutes les institutions et les cours d'étude seront gra-
tuits. Tous auront le même avantage de poursuivre les
études supérieures. En sortant de classe, il sera permis de
choisir l'état qu'on préférera, et le père et la mère n'auront
aucun souci de ce que coûte la famille aujourd'hui, car
l'État détiendra les moyens de chaque existence et les dis-
tribuera par tête, ayant des connaissances sur les besoins
de tout âge. Les hommes nommés pour administrer la so-

ciété seront de grands génies, ayant acquis de hauts titres dans leurs études, ils seront choisis et nommés par le suffrage universel, étant connues leurs hautes capacités. Les célébrités pourront arriver à la plus haute fortune qu'il sera possible d'avoir alors et qui sera probablement de cinq mille francs. Passé ce chiffre, les récompenses se feront en nature (objets de luxe et d'art), mais ils seront tenus à accomplir leur tâche de travail obligatoire.

Il y a à noter : que l'or et l'argent ne rapporteront aucun intérêt, n'auront que leur simple valeur. Il n'y aura plus de millionnaires, mais, en revanche, il n'y aura plus de malheureux et il ne sera plus utile de faire l'aumône (acte d'humilité qui blesse les sentiments délicats). Les infirmes, malades et blessés, seront dispensés du travail obligatoire et auront droit à son produit et à tout ce que pourra réclamer leur état. Alors, les transports par terre et par mer seront affectés à l'exploitation.

Tous les pays et toutes les latitudes échangeront leurs produits qui seront divisés sur tous les territoires (les villes et les villages), afin que chacun ait la facilité de réclamer son droit ayant accompli son travail obligatoire, soit de plusieurs jours, de plusieurs semaines ou de plusieurs mois, car il est très compréhensible qu'une partie d'ouvriers et d'ouvrières seront en repos pendant que d'autres travailleront. Mais après ce travail qui n'occupera pas même la quatre-vingt dixième partie de notre existence et laissera à chaque sujet un grand espace de temps libre à lui d'en disposer selon ses volontés, il aura la facilité de l'employer à un travail utile à tous que je dénomme travail facultatif qui permettra aux êtres supérieurs de prouver leur talent dans les arts et les sciences. Et de ce milieu s'élèvera les plus hautes célébrités. Ces grands penseurs et grands travailleurs auront régénéré la société par leurs écrits sensés que la nature inspire et l'auront débarrassé de cette maladie contagieuse que le fanatisme lui avait suggéré par son surnaturel et auront répandu le progrès sur tous les points du globe. La vie humaine aura changée de régime, de lois, de morale. La liberté de conscience, alors, sera sacrée, la logique inspirera le peuple, le rapprochera par un nœud fraternel dont dépendra son éternel bonheur. La vie sera uniforme, invariable, chacun aura droit aux produits du sol ayant rempli ses devoirs.

Il n'y aura plus comme aujourd'hui un excès de vie,

d'opulence pour les uns et de noire misère pour les autres. Les produits de la terre seront pour tous ses habitants et cette société bourgeoise qui se sépare actuellement du prolétariat aura reconnu son erreur et se sera unie pour n'en faire qu'une, car le bourgeois n'est certainement pas sûr de son bonheur, d'après le système qui régit le monde, il est sujet à bien des revers qui le réduisent souvent à la plus triste misère. Le numéraire change indéfiniment de maîtres, l'opulence qui sourit un jour à un bourgeois peut disparaître en peu de temps et ne lui laisser que le souvenir des jours passés. Alors, il aura reconnu son intérêt en s'unissant au peuple pour faire la révolution sociale qui aura terminée le tourment de l'humanité et aura créé une ère de paix et de justice. Il n'y aura plus un seul être sur terre souffrant la faim. Ceux qui auront joui des privilèges qui avaient façonné la société, afin d'en disposer selon leurs caprices seront chassés à jamais du pouvoir. Il n'y aura plus d'édifices fanatiques, ni de monarchies. Bourgeois et ouvriers se seront réunis sous le drapeau du socialisme fraternel. Il n'y aura qu'une République au monde et la Révolution sociale sera accomplie. Voilà comment sera régi le monde après la Révolution sociale.

RÉFLEXION

Je suis persuadé qu'une partie de ceux qui liront ce petit travail, qui est ma pensée naturelle sans influence d'aucun milieu que celui de la nature, m'appelleront rêveur, de penser qu'il ne doit pas y avoir de guerres, que la terre ne doit pas être divisée, que ni cultes, ni rois, ne doivent gouverner ni le sol ni les consciences qu'il ne doit pas y avoir des êtres qui souffrent le besoin de s'alimenter. Mais ceux qui me jugeront ainsi auront une certaine raison. J'accepte d'avance avec bonne humeur la qualification, songeant que tout ce qui vit, pense, rêve. Il y a deux sortes de rêveurs, je le reconnais, mais je leur attribue des qualités bien différentes, car l'un est sensé et l'autre insensé. Lorsque l'auteur cherche dans un intérêt général un moyen d'adoucir la vie sociale, ce rêveur est sensé ; il est au contraire insensé, lorsqu'il a conçu le but d'entretenir l'ignorance, ne nous enseignant le fanatisme que pour nous exploiter et vivre à nos dépens. L'homme est d'autant plus considéré que sa pensée est plus élevée. Moi, qui suis ouvrier je proteste avec de nombreux camarades d'infortunes, contre les pouvoirs despotiques, seuls auteurs de la misère sociale.

Ils ont divisé le sol et le peuple, créé tous les tourments, se sont conservé tous les privilèges, nous ont contraints de subir leurs lois, par l'influence de la terreur et exploités à leur gré. Nous producteurs, avons subi sans rien dire nos malheurs et le vice de cette organisation.

Aujourd'hui le progrès nous a réveillé et nous montre ces despotes barbares et cruels, se servant de nous selon leur caprice, pour nous faire massacrer et égorger. Ils accablent le peuple d'impôt, lui qui, jadis, fut leur martyr inconscient, pendant des milliers de siècles. L'histoire, ancienne et moderne, nous en fait le triste récit, nous retrace les passages ridicules que l'on compare aujourd'hui à la folie que nous inspire le livre sacré des anciens « la Bible », illuminée de rêves mystiques. Ces hommes crurent parfois que le soleil s'arrêtait pour eux, d'autres fois que la mer s'écartait pour leur livrer passage, etc., etc. Ils attribuaient ces effets sublimes au pouvoir et à la volonté de leurs dieux (Hébreux et Israélites), quoique les religions d'alors n'admissent d'autre raisonnement que le leur, montrant au peuple les savants comme des fous et des sorciers, les supprimant de la société. Mais parfois, défense et précaution sont inutiles, c'est ce qui se produisit en Grèce.

Une civilisation très avancée pour cette époque, y prit naissance et les Grecs devinrent les plus érudits d'alors. Athènes devint la ville de lumière. On y venait de tous les pays de la terre. Les Romains s'en inspirèrent, y prirent modèle, et eurent aussi des savants remarquables dans les arts et les sciences et surtout dans les lettres. Mais les dictateurs romains s'en servirent pour inventer des moyens destructeurs qui leur permit de dompter les peuples par la force et se rendre maîtres de leurs richesses et de leur sol, les soumettant à leur domination. Au commencement du quatrième siècle quatre empereurs romains gouvernaient le monde, deux étaient en Orient et deux en Occident. Mais la guerre de religion entre le paganisme et le christianisme qui durait depuis plusieurs siècles, vint tout à coup les démembrer et finit par les anéantir, couvrant le sol de ruines et de victimes. Le christianisme, enfin, était vainqueur, mais pendant une série de siècles le progrès alla à la décadence au point qu'on ne savait plus si les Grecs et les Romains avaient régné. Les rois eux-mêmes ne savaient pas lire, on ne trouvait plus de professeurs. Il ne se parlait plus qu'un mauvais jargon, issu d'un latin dénaturé ; la société distinguée parlait un dialecte.

Beaucoup d'écrits du moyen-âge ont restés apocryphes, indéchiffrables. Le monde sommeilla ainsi jusqu'à l'époque de la Renaissance où commence l'ère de notre civilisation, où commence l'École réellement française, c'est-à-dire l'École de Pierre Ronsard, dont Joachim du Bellay fut le promoteur. Quoique notre progrès ait eu à subir de tristes épreuves par les agissements du fanatisme, il se maintint jusqu'à la révolution française où il prit un nouvel essor et sépara le pouvoir temporel du spirituel ; car aux temps où les religions gouvernaient en maître absolu, la science nous parvenait dénaturée, censurée par les théologiens et quoiqu'elles le soit encore aujourd'hui par les religions, on peut au moins se la procurer réelle par un auteur impartial. Chaque fois qu'une découverte scientifique se fait, ces religions qui font aucune expérience de science naturelle, ne traitant que le surnaturel, étant en complète contradiction avec les savants, se préoccupent aussitôt de la modeler à leurs avantages et l'introduire dans leurs institutions dans la crainte de se laisser dépasser, mais eux-mêmes ne créent ni n'inventent rien, aujourd'hui leur autorité est affaiblie, contrairement au progrès, et ils ne peuvent plus faire croire aux peuples que les savants sont des sorciers ou des possédés du démon. Mais quoiqu'elles soient amoindries, elles gouvernent encore la plus grande partie de la terre, tout a été façonné par elles, elles ont inspiré le monde d'inventions et de fables impossibles, qui, par l'habitude, ont magnétisé les êtres ; cette école paraît de plus en plus ridicule, surtout lorsqu'elle parle de son espèce.

PHILOSOPHIE DE L'ESPRIT ANCIEN
Issu des Traditions théologiques

L'homme a donc un mauvais instinct ; il est l'être le plus terrible de la création, animé de mauvaises passions, que l'on remarque dès les premiers âges de sa vie, même au berceau ; à mesure qu'il grandit, se développe, il devient méchant, barbare et cruel, il ne cherche qu'à tuer et faire souffrir les animaux inférieurs à son espèce ; il est carnassier, vit de la chair de ces animaux et se sert de leur dépouille pour se confectionner des vêtements. Cette boucherie ne lui suffit pas à assouvir ses cruels penchants, il faut qu'il se fasse la guerre à lui-même, se tue et s'égorge pour satisfaire les besoins barbares où son instinct naturel le pousse ; il obéit à une loi à laquelle il ne peut se soustraire ; il est lui-même la cause de la misère, qu'il se créé chaque jour et s'oblige à des impôts en tenant sur pied des soldats pour faire la guerre lorsque, hanté par la haine, le besoin de se battre le presse.

L'homme lui-même ne peut changer les passions dont la nature l'a doué. Il est insensé de croire à la fin des guerres aussi bien qu'à un régime universel qui rende la vie uniforme et le bonheur à tous. Il y a toujours eu des guerres et il y en aura éternellement, il y a toujours eu des malheureux et des heureux, il n'en sera jamais autrement (tout ce qui existe, Dieu le veut), l'homme ne doit pas s'illusionner. L'ouvrier, le prolétaire, ne doit chercher d'autres moyens que ceux qui lui sont indiqués par notre école, mettant toute sa confiance et sa foi à son culte et à son roi, ne s'occupant nullement de politique, et si, parfois il est terrassé par la misère, sans ressources et désolé, qu'il vienne raconter son infortune et ses malheurs à un homme riche et religieux qui lui donnera tout au moins, s'il ne peut satisfaire ses besoins, des paroles de consolation qui devront lui faire supporter sa misère avec patience et dévouement, lui disant que s'il est malheureux sur la terre, il sera éternellement heureux après sa mort, dans ce séjour de délices « Les Cieux » qu'il gagne par la souffrance en ce monde.

PHILOSOPHIE DE L'ESPRIT NOUVEAU

Entière fraternité de tous les peuples unis, n'en faisant qu'un, gouvernés par une République, une même loi et une même morale; pour tous, entière liberté de conscience dans les croyances en Dieu, abolition de tout enseignement mystique, la paix universelle, l'anéantissement des guerres et la vie de l'espèce humaine assurée, l'entier affranchissement; plus de limites, plus de frontières et une langue unique pour s'exprimer.

Tel est le raisonnement de notre nouvelle école, qui n'est qu'à sa création et va détruire, par la clarté de ses arguments et le bon sens qu'elle inspire, les chimères que l'habitude de l'ancienne école nous avait suggéré. Elle avait commencé à faire une bien triste histoire de son espèce, en attribuant à la nature ses misères. D'après ses assertions, dénudées de bon sens, il n'y aurait aucun remède, puisque notre malheur viendrait d'une volonté suprême (la nature). S'il en était ainsi, les peuples se battraient constamment par désir, par besoin. Mais c'est le contraire, chaque fois que l'on parle de guerre, ils frissonnent de terreur à la pensée des désastres qui vont s'accomplir et au sang qui va être versé. Nous, enfants de la nouvelle école, les attribuons à un certain nombre d'hommes que nous appelons le mauvais génie de la Société, qui voulurent vivre à ses dépens en se faisant privilégiés et se donnant de hauts titres. Cependant, nous sommes tous égaux de par les lois de la nature, elle n'a pas fait de distinction à l'un plus qu'à un autre, elle n'a rien signalé de particulier sur l'être en naissant. On accuse notre espèce d'être la plus cruelle, de faire la chasse à tous les animaux et de dompter même les plus féroces, que l'homme encore enfant tue et massacre tous ceux qui se présentent à lui. Mais si l'on considère le monde à ce point de vue, on voit que la terre est un vaste champ de carnage et que chaque espèce se dévore et se sert de pâture; c'est-à-dire qu'une espèce vit d'une inférieure à la sienne et l'on monte graduellement jusqu'à l'homme, l'être supérieur par excellence; lui, dompte tous les animaux sans qu'aucun sache l'atteindre; dans ce sens, il n'y a pas de sujet de l'appeler cruel et barbare, car il n'obéit qu'aux lois de la nature ; la supériorité et l'influence qu'il a sur tous les êtres, prouvent qu'il devait être éternellement heureux étant à l'abri de tout danger, si un mauvais génie n'avait pas germé dans le sein de la société, ne s'était pas emparé du sol, de toutes les richesses de la terre et n'avait créé toutes les misères de la vie ; l'abondance serait devenue colossale, le peuple aurait vécu sans peine, la génération se serait développée, devenue belle, grande et forte, elle ne se serait jamais fait la guerre, n'aurait formé qu'une famille, n'aurait pas connu de dictateurs ; il n'y aurait pas eu ni dogmes ni religions ; il n'y aurait eu qu'une morale au monde, chacun aurait cru en Dieu selon sa conscience, les hommes doués d'une intelligence supérieure auraient été encouragés par la société pour laquelle ils auraient travaillé; car l'exploitation d'homme à homme n'aurait jamais eu lieu, l'on n'aurait pas vécu pour tromper son semblable, les vices qui désolent la société, mensonge, jalousie, hypocrisie, nés de sa mauvaise organisation, ne se seraient pas réveillés et n'auraient pas troublé notre existence ; alors elle n'aurait pas eu raison d'être, étant sans but; le peuple du Nord au Sud, de l'Est à l'Ouest de la terre n'aurait fait qu'une famille, la paix aurait été éternelle.

Cette question est du parti ouvrier, question capitale de la vie, qui occupe à un si haut degré les imaginations de notre siècle, émancipé par le progrès qui s'accentue de plus en plus et c'est le sujet d'un mouvement social qui se produit sur tous les points de la terre, dont le foyer est la France républicaine; cette importante question internationale ressort de la classe prolétarienne jadis servile et esclave, n'ayant aucun droit en politique, conduite comme la brute, n'ayant pas même droit de se plaindre, contrainte à une soumission passive. Si aujourd'hui elle s'est acquise la liberté, ce n'est pas sans peine et sans lui avoir coûté fort cher, de sang versé et de ses victimes (héroïques défenseurs).

L'histoire nous l'indique : elle est encore aujourd'hui la classe déshéritée, mais elle sait lire et elle est consciente, elle dénonce les auteurs de ses misères, elle veut s'affranchir de leur domination. L'ouvrier, le prolétaire, se lève et se convoque à prendre part à ce grand concours international et de fraternité qui a pour tâche l'intérêt général, la paix universelle et la loi pour tous.

Cependant, ce grand acte de bon sens livre le plus grand combat imaginable au fanatisme, ainsi qu'à la monarchie, mais non en les poursuivant avec des armes et en leur faisant la moindre égratignure, mais en leur retirant notre confiance, les laissant seuls, dès alors sans influence. C'est la première fois que cet esprit paraît, ce qui lui a valu le nom d'esprit nouveau. Il est à regretter qu'au début, nous n'ayons pas suivi la même voie, ce qui peut nous retarder dans l'accomplissement de notre tâche; nous sommes bien convaincus que nous nous réunirons tous un jour sous le drapeau du socialisme fraternel, car l'intérêt des uns et celui des autres est que pour réussir il n'y a aucun autre moyen possible, si ce n'est celui de la fraternité, et ces divers programmes qui nous divisent, n'auront suffi qu'à un essai n'ayant pu trouver aucun moyen raisonnable de conclure leurs questions politiques; alors nous serons qu'un peuple uni et nous serons les maîtres. Cependant, mes amis, quoique notre arme favorite ne soit que le raisonnement et que nous cherchions à détruire la guerre et ne faire qu'un peuple, il ne faut pas s'illusionner, qu'il faille mettre bas les armes, car le temps n'est pas venu ; il suffit d'un moment d'imprévoyance de notre part pour que l'ennemi qui nous guette se jette sur nous comme une bête fauve ; il faut nous entendre dans un Congrès international et décréter la déchéance des rois, et proclamer la République universelle, avant de désarmer, être toujours prêts à partir comme si la guerre devait être déclarée demain.

Et si, pendant que nous cherchons à parlementer, à nous comprendre, les rois déclarent la guerre, soyons unanimes à nous lever en masse pour nous défendre, entraînés par le même cri de : « Vive la République universelle ! »

Car tous les êtres sont ambitieux de l'existence et pour 'entretenir, cherchent une alimentation suffisante depuis la plante jusqu'à l'animal le mieux organisé, satisfaisant ce besoin, ignorant la souffrance de la faim, cause de la mort prématurée. Tout obéit à cette loi, qui est une des passions de la nature ; elle donne un grand développement à l'être supérieur, l'homme, mais n'atteint pas la même force chez tous les sujets, sur qui elle possède une grande influence, et excite en eux l'action, le mouvement, travail physique et moral, mais inspirant d'un intérêt commun, procure à son espèce les éléments nécessaires pour que l'existence soit éternellement heureuse, ayant tous les mêmes droits, les mêmes avantages à la production du sol ; par cette voie divine, il n'y a pas de malheureux sur terre et le progrès n'a pas de limites, ne trouve pas d'obstacle à son développement, et l'ambition comme toutes les passions, sont des qualités dont la nature a doué tous ces êtres, qui n'espèrent que fraternité, qu'un peuple libre sur terre dans ses croyances en Dieu, sans culte, sans mystères ; d'après cette loi suprême, la vie est une douce harmonie, dont nul ne saurait reproduire le bel idéal.

Cependant il ne se pratique que le contraire, la partie la plus nombreuse de la société végète, tandis que l'autre vit dans un excès d'oppulence, à ses dépens. La cause est due à ceux qui l'organisent, la régissent et la façonnent, se disent maîtres du sol et de la propriété, l'envahissent, se la disputent et se la vendent, tracent des frontières et de là nous montrent des ennemis, forment les croyances, inventent les cultes, remplacent la loi de la nature par leur noir surnaturel, se font reconnaître des privilèges qui les autorisent à vivre à nos dépens, et leur ambition, la cause de nos malheurs, est la mère de tous les vices, de la débauche, du vol et du crime ; ces hommes sont nos dictateurs, ils sont les auteurs des guerres et nous excitent sans cesse à la haine, les uns contre les autres ; et par le régime universel, ce n'est pas que sur les champs de batailles, avec des armes meurtrières, que l'on se fait la guerre, mais par l'exploitation. La société entière se la livre, soit le commerçant, le bourgeois et même l'ouvrier, et l'ambition, telle qu'on la pratique, n'est pas celle de la nature, celle que des hommes nous l'ont imposée : l'origine de ce régime ne nous est pas connu ; il s'est écoulé des milliers de siècles pendant lesquels les générations n'ont pas laissé leur trace, étant trop ignorantes. Mais aujourd'hui tout est bien changé, dira en consultant l'histoire ancienne et moderne, celui qui s'en sera inspiré ; mais tout cela n'est que des améliorations que le peuple a obtenu au prix de son sang, à diverses époques. La Révolution française nous en est un exemple, le régime de la société est le même, il faut nécessairement le changer pour nous reconstituer les lois de la nature.

CONCLUSIONS

SOCIALISME

Le terme de socialisme est le signe d'un principe mal compris souvent même de ceux dont il implique les intérêts. Les adversaires de ce principe s'évertuent à en vicier la nature, lui attribuant une doctrine opposée à la sienne véritable. Ils vont répétant sans cesse que le socialisme républicain aspire au partage des biens par la guerre au capital. Vaste mensonge: jamais socialiste avisé ne s'est mis en face d'une perspective aussi absolument irréalisable. Nous savons que les hommes, doués à des degrés variés de talents intellectuels ou physiques, ne sauraient persévérer dans une égalité uniforme. Partagés aujourd'hui entre tous, demain les biens diminués chez les uns abonderaient davantage chez les autres ; et on aurait à refaire le partage. Impraticable, une pareille formule ne peut exister dans notre foi. Mais sachons discerner. Ne nous laissons pas séduire par les insinuations menteuses d'un hypocrite langage ; évitons de confondre le socialisme républicain avec le républicanisme bourgeo's ; celui-ci crée la division et le privilège. Nous, nous voulons un gouvernement humanitaire; l'inverse de la monarchie cléricale et de l'opportunisme judaïque.

Nous voulons que chacun puisse sustenter suffisamment son existence et participer au bien-être de la vie. Arrière le privilège.

Pourquoi cette opulence orgueilleuse, insolente, luxurieuse d'en haut, et cette misère bafouée des petits et des faibles? Oui, la société est à reformer de fond en comble. La terre produisant en abondance pour tous, tous ont droit de jouir de sa fécondité. Et il en serait ainsi dans une république universelle où tous travailleraient obligatoirement.

Amis du socialisme, notre pensée à chacun, malgré de superficielles divergences, est au fond bien identique. Dissidents en des points de détails, nous nous confondons en une seule pensée universelle qu'exprime le grand esprit nouveau. C'est un esprit d'impartialité, de conciliation et de concorde, ennemi de l'ambition personnelle qui tyrannise la société. C'est un esprit qui prépare aux générations futures une ère de paix, de repos et de bonheur.

Aimé DESSUS.

TABLE DES MATIÈRES